Der Bauernhochzeitsschwank

Meier Betz und Metzen hochzit

Herausgegeben
von
EDMUND WIESSNER

MAX NIEMEYER VERLAG TÜBINGEN 1956

ALTDEUTSCHE TEXTBIBLIOTHEK
BEGRÜNDET VON HERMANN PAUL †
HERAUSGEGEBEN VON HUGO KUHN

Nr. 48

Printed in Germany
Satz und Druck: Ferd. Oechelhäusersche Buchdruckerei Kempten/Allgäu

Meier Betz

H CLXXXIV b (alte),
189 b (neue Zählung)
S 220ᵇ

    Es was ain maier, hiesz Betz,
    Der het ain buolen, hiesz Metz.
    Der was er also holt,
    Das er nach ir sterben wolt:
5 Si was im auch nit unwäg.
    Wie es umb die sach läg,
    Si wolt in bet nit geweren,
    Er wolt ir dann sweren,
    Das er zu ee und zu recht
10 Si wol gehaben mecht.
    Des ward maier Betz ze rat;
    Schnel und gar getrat
    Bracht er biderlüt darzuo:
    Burckhart den Luckenfruo
15 Und sein bruoder Schollentrit,
    Herman den huofschmid,
    Auch Peter den kecken
    Und den alten Hafenschlecken
    Und Henslin usz der peund.
20 Auch ander sein guot freund
    Kamen mit mair Betzen dar:
    Dietrich der übelfar,
    Cuonrat der platerkopf   H CLXXXV ᵃ
    Und auch maier Nastropf   (190ᵃ)

*Rote Überschrift in H (Liederbuch der Klara Hätzlerin) Von
Mayr Betzen und in S (Stuttgarter Cod. Poet. 4° Nr. 69) Von
meyer Beczenn.*   1 mayer *S*, Mair *H*. 5 anweg *S*.   7/8 Si
wolt im *(korr. aus* ir*)* dann schwern *S*.   11 Mair *H*.   12 tratt
H S.   13 biderwerleut *S*.   14 Burckheit *S*.   16 Huff-
schmid *H S*.   18 hofschlecken *H S*.   19 henszlein ausz der
peind *S*. 20 friünd *S*.   21 bayer *S*.   23 plotterkopff
S. 24 mair *H S*.   Nasztropff *H*.

25 Und der reich Poppser,
Welldin der schnaufer.
„Nun schweig alt und jung!"
Sprach der weis Nodung.   S 221ᵃ
„Betz, du bist ain gerad man:
30 Wilt du Metzen zu der ee han?"
Er sprach: „Ja, wil si mich."
Nodung sprach: „Metza, gich:
Wilt du Betzen han zu der ee?"
Si schwaig; er vorscht si me.
35 Si sprach: „Ja, haiszt michs mein muoter."
Nodung sprach: „Si entuot dir
Nichtz, des gelaub du mir!"
Also nach ir baider gir
Ward in die ee beschaffen
40 On schuoler und on pfaffen.
Do ward dem Betzen
Gegeben zu der Metzen
Ain pock und ain kalb,
Auch ain kuo, die was halb,
45 Zwen immen und ain schwein,
Auch ain plassetz rösslein
Und *tierlin stertz uf der prait*.
Do ward fraw Metzen widerlait
Zwo juchart ackers wol gesät,
50 Dreu malter haberns recht erplät;
Auch ward ir von dem tennen
Ain han und vierzehen hennen
Und fünf pfunt pfenning: S 221ᵇ
Das waren als zimliche ding.
55 Ditz geschach ze undern.   H CLXXXVᵇ
Das volck begund wundern,   (190ᵇ)
Wan die hochzeit solt sein.
Ainer sprach: „Friund mein,

---

26 Völcklin *H*, Voliklin .. schnaußer *S*.   34 forst *S*.
39 War *S*.   41 Da: *so stets in H*.   46 pleszots *korr. in* pleszets *S*.   47 tyerlen stertz vf der praitt *H*, tierlin stercz auff der preyt *S*.   49 Zwů *H*, Zwey *S*.   Jaugart *S*.   50 Drey *H*.   habers *H*.   54 zimlicher *S*.   56 begond *S*.
57 Wǎ *H*, Wo *S*.

>   Man sol si haben am abent."
> 60 Den rat den gabent
>   Die weisen alle.
>   Gar mit reichem schalle
>   Huob sich die hochzeit
>   In Betzen hus: daz was wit.
> 65 Dar kamen främder lüt vil:
>   Peter Tursz und Pesenstil,
>   Der Kopp und Kiliantz,
>   Seifrid und sein bruoder Mantz
>   Und die Strauben usz den awen
> 70 Mit iren huszfrawen
>   Und der Pöcklin jenset pachs,
>   Walter der ledrer und der Sachs,
>   Der Dürr und der Zäch,
>   Burckhart Widenman und der Wäch,
> 75 Rumpf, Rampf und der Stoll
>   Und sein vetter Muntvoll,
>   Auch fraw Ges, ir muom,
>   Cüntzlin der Genspluom
>   Und sein swester Vellpruoch,   S 222ᵃ
> 80 Albrecht der Rindschuoch.
>   Darzu kam manig zierenhelt,
>   Der zuom muos was usserwelt.
>   Also das es nun zeit ward,
>   Do fuort man Betzen uf die fart
> 85 Und stalt in zu dem preutelpett:
>   Zwen grosz stifel er an het.
>   Als man im nun die   H CLXXXVIᵃ
>   Metzen pracht,   (191ᵃ)
>   Sprang er frölich ins pett und lacht.
>   Alspald ers an sein arm vieng,
> 90 Das volck usz der kamern gieng.
>   Betz sprach: „Het ich ain liecht,
>   Gelaub mir, ich enliesz nicht,

59 aubent *H*.   60 gäbent *H*.   64 hus was es weitt *H* u. *S*.   65 komen frennder *S*.   66 Trüsz *H*.   69 strauden: *korr.* aus strauben ? *S*.   72 Valtrer *H*.   73 turre .. zeg *S*.   78 Konczlin *S*.   81 ziernhelt *S*.   83 da es *H*.
90 camern *H*, kamer *S*.

Ich macht usz dir ain weib!"
Er schwuor teur bi seinem leib:
95 „Das doch nür der mon schin,
Ich liesz dich zwar also nit hin."
Metz sprach: „Du volle kuo,
Was sol dir ain liecht darzuo?
Meins vaters knecht, der Übelpracht,
100 Vand es umb die mittennacht."
Der narr was vol und entschlieff,
Bis man im des morgens rieff.
Für die kirchen man in fuort,
Manig ackerknab do nach im tuort.
105 „Seit still!" sprach der mesner.   S 222ᵇ
Die törpel namen Betzen her,
Si erwüsten bi dem har
Und rauften in zwar
So grimmiclich und hart,
110 Das er ser schreien ward,
Als dann ist der pauren sit.
Von der kirchen hiemit
Giengen si wider hain,
Alt und jung gemain,
115 In maier Betzen haus:
Do lebt iederman im saus.
Vil was der nachgepauren,
Niemant het kain trauren.
Dar kamen Metzen   H CLXXXVIᵇ
  friund vil: (191ᵇ)
120 Peter Tursz und Pesenstil,
Pfeffersack und Lärennapf,
Kabeshaubt und Hochstapf,
Penz Knoll und Ackertrapp,

---

95 mir? *H*, neur *S*.   99 vater *S*.   100 Vnd *ursprünglich: der rote Initialenstrich geht durch* V; *am Rand ist eine Initiale vorgesetzt:* K? *S*.   102 rüft *H*.   104 Manch *S*. da *H*.   türt *S*.   107 erwischten *S*.   108 rüfften *S*. 112 Vor *S*.   115 Mair *H*, meyer *S*.   hus *H*.   116 Da *H*. 117 Nachpawren *H*.   119 komen *S*.   120 Pirendurst *H*, Pirndurst *S*.   121 Pfeffersacht *S*.   122 Kabeshanckt *H*, Kapeshaubt *S*.

　　　　　Des Türsen sun, der jung lapp,
125　　Auch etlich, die halb edel waren
　　　　　(Die sach man gar hoflichen paren):
　　　　　Durchdenpusch und Schlinddenspisz,
　　　　　Raumdietaschen, ain stolz fiesz,
　　　　　Paurenveind und Sträusguot.
130　　Die waren all wolgemuot.
　　　　　Erst pfaiff der pfeiffer ainen schal,　S 223ᵃ
　　　　　Das es in der kuchen erhal.
　　　　　Man richtet do die tisch;
　　　　　Do ward iederman frisch.
135　　Si hetten alle weisz prot:
　　　　　Über das was in so not,
　　　　　Das si es in sich truckten
　　　　　Und unkewen verschluckten.
　　　　　Die weggen gundens zerren,
140　　Damit die mäuler uffsperren.
　　　　　Ainer gab dem glas ain stosz,
　　　　　Das es ward uff dem poden plosz.
　　　　　Man richtet do mit namen
　　　　　Ie vier pauren zesamen
145　　Über ainen kübel weit.
　　　　　Si assen widerstreit:
　　　　　Die näpf wurden pald lär.
　　　　　Erst do truog man her
　　　　　Ruoben wol berait,
150　　Da was vil specks uff gelait.
　　　　　Die pauren pissen in den speck,
　　　　　Das in der treck　　　　[H CLXXXVIIᵃ
　　　　　Über die packen ran,　　　　(192ᵃ)
　　　　　Davon manigem dorffman
155　　Sein maul und der part
　　　　　Überal schmalzig ward.
　　　　　Ainer schlickt, der ander schland

127 schlind den spies *H*. schlinden speisz *S*.　　129 sträs gŭt *H*, stras güt *S*.　　131 ain *H*, ein *S*.　　132 kirchen *H*.　　133 da *H*.　　134 Da *H*.　　137 trucken *S*.　　138 vnkawm (ers *getilgt*) versluckenn *S*.　　139 gondes *S*.　　140 Die *Zeile fehlt in S*.　　142 *Auch diese Zeile fehlt in S*.　　143 da *H*.　　148 da *H*.　　154 manchen *S*.　　157 schlickt *H* und *S*,

        Und etlicher gar hart verprant
        Die zungen und den rachen,   S 223ᵇ
160 Das die andern wurden lachen
        Also ser unde vast,
        Das in die speis tast
        Usz den mäulern uf die knie.
        Ainer schrai: „Schencka hie!"
165 Der ander sprach: „Lega prot!"
        Der dritt seim gvatter ze trincken pot.
        Ir chainer do müssig was.
        In wurden ir vinger nas
        Bis hinden zu der hand,
170 Dabei man wol erchant,
        Was speis si hetten gehabt.
        Der koch kam getrapt
        Für der pauren tisch
        Und sprach: „Seit all frisch!
175 Ich pring euch muos und praten."
        Nun hörent, wie si taten!
        In was ze essen also not,
        Das im chainer ze trincken pot:
        Er huob selbs uf und tranck.
180 Der preutgam sprach: „Hab danck!
        Ich gedacht nit daran:
        Ich solt dir selbs gepoten han."
        Der koch sprach: „Des wirt guot rat,
        So der wein doch vor
          mir stat.   [H CLXXXVIIᵇ (192ᵇ)
185 Ich trinck, so mich dürst."   S 224ª
        Nun hört, wie si die würst
        So geitticlich verschlunden!
        Alspald und si empfunden,
        Wie die gepraten waren,
190 Do liessen si das muos faren,

---

158 gar *S:* r *über* sz.   161 vnd *H*.   164 schencke „hie ein", *d. h.* ein hie *S*.   165 lega ein prott *S*.   166 seinem geuatter *H*, seim vater trinckenn patt *S*.   167 da *H*.
170 Do bey *S*.   171 sy *H:* hie *S*.   175 brotten *S*.
176 tätten *H*.   178 ze *fehlt in S*.   180 preutgan *S*. das ʰᵃᵇ danck *S*.   183 wurt *S*.   190 Da *H*.

>
> Bis si die würst gassen.
> Si sorgten und entsassen,
> In wurden die vertragen,
> Und gunden reschlich jagen.
> 195 Doch von stund darnach
> Ward in nach dem muos gach.
> Si tetten darein procken
> Die aller grösten mocken
> Und truckten die hinunder,
> 200 Das mich von got ain wunder
> Nam, wie es als in sie mecht.
> Nun was der letzt muntfol recht
> Als grosz als der erst.
> Welcher tranck aller merst,
> 205 Der daucht sich ob in allen
> Mit schrein, juchtzgen und schallen.
> Sich hetten do die affen
> So gar überlaffen,
> Das maniger vergas,
> 210 Ob es tag oder nacht was.
> Si ruchen als ain kalchhauff   S 224ᵇ
> Und stuonden von dem tisch auf.
> Do man truog ab,
> O wie manig dorffknab
> 215 Sein zagel umb ain vinger wand   H CLXXXVIIIᵃ (193ᵃ)
> Und huob den ars zuo mit der hand!
> Maniger lieff hindern zaun
> Und liesz von im ain straun,
> Als hetts ain alter esel tan.
> 220 Do welt man zwen der pesten

---

192 ensassen *S*.   194 gonden *S*.   201 Nam *fehlt S*.
in sich *H*, in sie *S*.   204. Wellicher *H*.   205. Den *S*.
in *fehlt S*.   206 schreyen *H*.   Mit schreyen iuchtzen
vnd schreyenn schallen *S*.   207 *Sie S*.   da *H*.   209 mancher *S*.   211 kalchhawff *H*, kolehauff *S*.   *Von dieser
Seite an setzt in S eine neue Hand ein: die Tinte ist viel dunkler, die Schriftzüge sind anders geartet, nämlich schräge gestellt,
mehr geschnörkelt, flüchtiger, die Zeilen enger.*   212 vff *H*.
Die Zeile fehlt in S   213 Da *H*.   216 zu *H S*.   217 Mancher *S*.   219 tän *S*.   220 Da welet *H*.

Usz allen fremden gesten
(Ainer hiesz Kiliantz,
Der ander maier Rantz):
Die setzt man zu der preut.
225 Do schenckten die leut
(Iederman nach eren tett):
Ainer gab ain pruckprett,
Der ander hiesz ain schwingen
Usz seinem huse pringen.
230 Der gab ditz, jener das,
Ainer gab dem andern ze has.
Der gar reich solt sein,
Der gab ain hübsch spiegelein.
Ain hähelen gab der Zäch,
235 Ain alten sträl der Wäch.
Do gab Metzen Vellpruoch
Ain new henffin ermeltuoch.
Erst kam Pertsch der übel
Und gab ain newen kübel.
240 Durch er gab dem preutigam
Sein juppen Hanns der Jordan;   S 225ᵃ
Er sprach: „Nim hin! Für war,
Es ist nit über acht jar,
Das ich in newen anlait.
245 Luog, wie hübsch und gemait,
Dann das er nit guot ermel hat,
Vorn darein ain loch
    gat: H CLXXXVIIIᵇ (193ᵇ)
Sunst wär er on löcher gantz!"
Do trat herfür Kiliantz
250 Und gab sein plawen huot;
Er sprach: „Der ist guot,
Oder ich mein leib verlier!
Ich chauffet in umb vier
Haller, das ist war,
255 Es ist noch kaum fünf jar."

223 Mair *H*, mayer *S*.   225 Da *H*.   227 prŭchpett *H*.
pruchbet *S*.   229 hus *H*.   235 stroel *S*.   236 Da *H*.
247 Voren *H*.   249 Da *H*.   250 ploen *S*.   254 Heller(?) *S*.

       Ainer gab ain hultzin kandel,
       Der ander ainen alten mantel,
       Der dritt zwen alt puntschuoch,
       Der viert ain ungewaschen pruoch.
260   Ob si nit all waren reich,
       Noch gabtens all erleich.
       Wernlin der diech
       Gab ain hennen, die was siech,
       Und sprach: ,,Se hin, preutigam!
265   Ich wolt si selbs gessen han;
       Doch hab ich dirs erspart."
       Troll und auch Hegenhart
       Die gaben zwen alt haller.
       Berchtold der schaller
270   Muost die hand vom ars lan: S 225ᵇ
       Er wolt ie ains davorn gan.
       Er graiff in die taschen schier
       Und sprach: ,,Spilman, nim hin vier
       Haller, die ich noch wol han,
275   Und pfeiff mir ains, das ich kan!"
       Er was weisz recht als ain prant
       Und nam fraw Metzen bi der hant:
       Er fuort si zu der linden.
       Do kam als dorffgesinde,   H CLXXXIXᵃ
280   Vier und dreissig oder me.   [(194ᵃ)
       Der spilman pfaiff aber als e.
       Do sprungen si all vast,
       Das in das fuoszstro tast
       Nider in das gras:
285   Manigem der schuoch offen was.
       Die pauren schrien: ,,Hartzjo, hartz!
       Mein lieb ist nit schwartz."
       Si gunden frölich schocken
       Vor den dorffdocken;

257 ein̄ .. mandel *S.*   261 Nach *S.*   gabens all geleich
vnd erleich *H.*   262 dieth *H.*   264 sche *S.* Prewtigan
H S.   270 ars thonn *(durchgestrichen)* lañ *S.*   271 dauoren
H.   274 Heller *S.*   275 eines *S.*   279 Da *H.*   alles *H.* ge-
sinden *S.*   281 pfiff *H S.*   282 Da *H.*   283 tascht *H*,
dast S.   285 Manchem *S.*   288 gonden *S.*

290 Die ers man in ser wacken sach.
Leutsolten do zerprach
Sein pruochgürtel entzwai;
Er ruofft laut unde schrai
Under die junckfrawen alle:
295 „Mir ist mein pruoch empfallen."
Niemantz höret, was er sprach
(Wann in was ze tantzen gach),
Bis im ainer in die pruoch trat:
Do viel der pauer an der stat, S 226ᵃ
300 Das im der kopf pluot.
Er stiesz ain junckfrawen, hiesz Guot,
Das ir ain spiegel prach.
Das was Trollen ungemach,
Wann er ir den gekramet hett.
305 Troll sprach an der selben stett:
„Leutsold, du muost den gelten."
Er ward im fluochen und schelten:
Des mocht er nit gelachen
Und sprach: „Was wilt du machen?
310 Ich gäb gar clain umb
    dich." H CLXXXIXᵇ
Hiemit do huob es sich: (194ᵇ)
Es ward ain sturm und ain dosz.
Der schal ward vast grosz
Baide hie unde dort.
315 Der spilman pfeiffens uff hort.
Ainer waich hin, der ander her.
Troll und Welldin Schnaufer
Die schluogen Leutsolten hart
Durch seines haubtes schwart:
320 Man möcht den ellenden man
Mit widen zamen punden han.

---

290 wagen S. 291 Lättzelten da H. 292 da entzway S. 293 vnd H S. 296 hort S. 299 Da H S. *Unten rechts die Kustode* Do viel der bawr̄ S. 301 Junckfraw H S. 304 gekramet H, gekromet S. 310 gib S. 311 da H. 312 stosz S. 314 vnd H S. dört H. 315 vffhört H, auffhort S. 316 hinder den andern her S. 318 Leutsolt H S. 320 mocht S. 321 zesamen H.

Er gelag an ainem rain
(Die pruoch hieng im an dem pain)
Und ruofft mit lautter stimme:
325 „Hilff mir, bruoder Grimme!"
Der kam schnel gelauffen;
Er schrai: „We und waffen,
Bruoder, wer hat dir getan?   S 226ᵇ
Ich rich es, ob ich anders kan."
330 Er sprach: „Der übel Troll."
Do antwurt Haintz der Muntvoll:
„Des muosz er nemen sölichen wert."
Hiemit zuckten si die swert
Und schluogen in den haufen.
335 Gar flüchtlich gunde lauffen
Iederman zu seinem freund.
Do sprang Elckenpolt selbtneunt
Zu dem schadhaften man;
Do trat maier Aurhan
340 Selbtzehent zu dem Trollen.
Man sach Pertzen Schollen   H CXCᵃ
Gesigen an dem ersten tail;   [(195ᵃ)
Doch wards hinnach sein unhail,
Wann er am schimpf verlor.
345 Walther der mor
Gab im ainen schlag,
Das lung und leber vor im lag.
Elckenpolt praucht seinen spiesz.
We, wie veintlich er stiesz
350 Den Trollen zu dem nabel!
Er sprach: „Lig hie und zabel!
Ich gehiesz dirs vor lang."
Er nam die spieszstang

---

323 am *H*.   **324** stym *H*, styme *S*.   **325** grym̄ *H*, grȳme *S*.
326 schnell *H*.   **327** vnde *S*. wäffen *H*.   **328** das getän *H*,
dir gethon *S*.   **331** Da *H*.   **332** solchen *S*.   **335** flüchticlich *H*.   begund *H*, begunde *S*. zulauffen *S*.   **336** friünd *H*.   **337** Da *H*.   **337** selbneund *S*.   **339** Da tratt
Mair *H*.ˡˡ Archan *H S*.   **340** Selb zehend *S*.   **341** betzen
S.   **345** Mair *H*.   **348** pracht *H S*.   **349** Obe *H*, owe *S*.
351 Lig *fehlt in S*.

          Und gab im ainen straich,
355   Das im die hirenschal entwaich.
          Darzuo gar palt gelauffen kam   S 227ᵃ
          Maier Aurhan und der Ram:
          Die hewen ainander vast.
          Der torppel ward ain überlast.
360   Es lieffen von dem tantz
          Ochsenpeul und maier Rantz,
          Ruolin Greis und Eisengrein,
          Petter Seus und Eberschwein:
          Die huoben an ain neus gestösz.
365   Do ward der arm Gösz
          Geworffen in den mülbach,
          Das man im kaum das haubet sach.
          Doch kroch er her wider usz
          Und lieff in des müllers hus:
370   Der raicht im ainen spiesz.
          Er vacht als ain zornig fiesz
          Und wundet siben uf den tod.
          Do schluog im Kirninprot   H CXCᵇ
          Den spiesz us der hant.   [(195ᵇ)]
375   Im ward angst und not bechant,
          Sam er nit lenger leben solt.
          Als er nun fliehen wolt,
          Gen im kam her gejagt
          Ain paur, was auch verzagt.
380   Dem was ze fliehen also not,
          Das si sich stieszen baid ze tot.
          Und zu der selben stund
          Ward Ruppen sein mund
          Gehawen uff das kin.   S 227ᵇ
385   Do ward Frick Rehlin
          Geschlagen durch das achselpain.
          Hafenschleck ward mit aim stain

---

355 hirñschall *S*.   357 Mair *H S*. Archan *H S*.   358 hieben *S*.   361 Ochsenpewl *H*, Ochssenbeul *S*.   Mair *H*.
364 newes *S*.   365 Da *H*.   367 haubt *H S*.   368 herwider *H*.   373 Da *H*.   In *S*.   376 Sam] Wann *H S*.   377 nu *S*.   378 kam einer her *S*.   381 bede zu tot *S*.   385 Da *H*.
387 ainem *H*, einē *S*.

Geworffen in den giel,
Das im der inpisz empfiel.
390 Wer nit sturm hett geleut,
Es wär preutgam und der preut
Sölich widerdriesz geschehen,
Das man jamer hett gesehen.
Doch kamen schidlüt genuog,
395 Do man die gloggen ze samen schluog.
Ain ieder zu im selber sach:
Wer nit wer hett, der prach
Von dem zaun ain pengel.
Do lieff Pirenstengel
400 Gar resch von hus ze hus
Und pot allen pauren usz.
Der erst, der verwaffet ward,
Der hett ain ruossig helenpart;
Ain scherb, gehert zu der gluot,
405 Den stürtzt er für ain
  eisenhuot; [H CXCI^a (196^a)
Ain alte wann was sein schilt:
So wappet sich der Ruotthilt,
Dem was ze schaiden gach.
Si lieffen all hinden nach.
410 Gabeln, stangen und rechen
Der sach man vil zerprechen. S 228^a
Si wurden doch geschaiden so:
Ainer was traurig, der ander fro.
Wer das leben pracht darvon,
415 Der hiesz gar ain sälig man.
Also hat das gefächt ain end.
Got uns allen kumer wend!

389 entpfill S. 390 geleytt H. 391 prewtigam vnd die prewt H. preutgan S. 394 schiedleut S. 395 Da H. 398 einen S. 399 Da H. pirñstengel S. 401 pawr̄n S. 403 helmpart H. 404 gehöret H S. 405 er auff für einē S. 407 Da H, Do S. 408 was auch ze H. 411 sag.. zubrechen S. 412 So wurden S. 414 dauon S. 416/417 ende: wende S.

Anmerkungen zum „Meier Betz"

Vgl. Wiessner, Das Gedicht von der Bauernhochzeit und Heinrich Wittenwilers „Ring". Zeitschr. für deutsches Altertum und deutsche Literatur 50. Band (1908), S. 225—279.

1 Es was ain maier: *beliebter Eingang von Versnovellen wie etwa im „Neuen Gesamtabenteuer" hsg. von Heinrich Niewöhner, 1. Band, Nr. 3* Ez waren zeiner zit zwo gevater ane nit gewesen manec jar, *Nr. 8* Ez was hievor ein karger man, *Nr. 29* Ez was ein richer herre groz, *Nr. 32* Ez was ein blinde an einer stat. — *Über die Namen Betz und Metz s. Wiessner,* „Metzen hochzit" und Heinrich Wittenwilers „Ring" *ZsfdA. 74 (1937), S. 67. Anm. 1 verweist auf die Namen der Liebesleute Petz und Metz in der Übersetzung der „Philogenia" Albrechts von Eyb und Vorrede 119, 5f.* Ain iüngling, was genannt Petz, der het lieb ain iunckfrauen, genannt Metz. *Das Brautpaar tritt im Verlaufe des Gedichts wenig in den Vordergrund; am stärksten in der Schilderung der Brautnacht, wobei er die Rolle eines Tölpels spielt, während sie sich im Zorn darüber bedenklich verplappert. S. 83—102.*

4 nach ir „aus Sehnsucht nach ihr": *s. Wiessner, Kommentar zu Heinrich Wittenwilers „Ring" 102;* ebenda wolt = „drohte".

6 „Wie es auch immer um die Sache stehn mochte": *also* = „dessenungeachtet". *Vgl. ZsfdA.5, 31, 521* wie ez laege umbe daz kint *(Lexer 1, 1916) und Neidhart 200, 5 (unechte Str. in c)* fråget Engeltrûten, wiez laeg umbe ir bruoder Fridebrecht.

7 bet ... geweren „erhören": *vgl.* urloubes gewern *u. ä.*

9 zu ee und zu recht = ze rehter ê. *S. Mhd. Wb. 1, 450ᵇ 44 ff.*

11 ward ze rat „besann sich". *Vgl.* Des ward do Triefnas so ze rat *Ring 1642. Darauf folgt* Also schier und auch gedrat Sant er ... *ganz ähnlich wie hier 12. S. ZsfdA. 50, 256, Anm. 3 und D 12.*

13 biderlüt: *s. Lexer, Nachtr. 83.* Betz *bietet seine Sippe zur Verlobung ins Haus der Braut auf (s. 21), während die Hochzeit auf seinem Anwesen gefeiert wird (s. 64).*

14 Luckenfruo: *s. MHz. 14.*

15 Schollentrit: *s. ZsfdA. 50, 255 und Anm. 2.*

18 Hafenschlecken: *s. ZsfdA. 50, 257 und Anm. 2. In andrer Verwendung erscheint das Kompositum in N. Manuels Totentanz 79, 3* die häfenschleck sind mir empfallen *(Leckereien aus Häfen und Töpfen; s. Register bei Baechtold).*

22 übelfar *Adj.* „übel aussehend".

23 platerkopf *ist durch beide Handschriften (und auch durch D) bezeugt,* blatenkopf *bei Lexer 1, 299 beruht auf der falschen Lesung in der Ausgabe des Liederbuches der Hätzlerin von Haltaus und ist somit zu streichen. S. Schürebrand, Traktat aus dem*

Kreise der Straßburger Gottesfreunde, hsg. von Ph. Strauch (Studien z. d. Philologie, Halle 1903, S. 17, 15 ff.) wenne es dem ... himelischen künige gar ungemesse und unerlich ist, das er ... einen unwurschen zerblegeten bloterkopf haben sölle zů einer gemahelen und efrowen.

24 Nastropf: *in den von Keller herausgegebenen Fastnachtspielen S. 259, 14 erscheint ein* Nasentropf. *S. 'Ring'-Ko. 62.*

25/26 der reich Poppser: *s. BWb. 1,400* popitzen „*ein liederliches Leben führen, verschwenden" und 192* buebitzen *u. ä. Die Belege stammen aus Hans Sachs und Nürnberg. In dem darauf reimenden* schnaufer (schnaupfer S) *steckt vielleicht das Scheltwort* schnopfitzer: *s. BWb. 2, 579 u. Lexer 2, 1046* snüpfezen, schnöpsen. *Vgl. beim Heselloher (Rom. Forsch. 5) 4, 33ff.* derselb hieß in ain knollen, ain trunkhen und ain vollen, er wer nit lär, ain schnopfetzer und sollich mehr. *S. DWb. IX, 1390. Aug. Hartmann verweist dazu auf das altertümliche Rosenheimer Weihnachtsspiel (Weihnachtslied und -spiel in Oberbayern S. 174), wo ein alter Hirte die jungen* Schnopfezer *schilt. Ursprünglich stand also vermutlich* Poppser: schnopfser *hier und der zweite Ausdruck wurde durch das geläufigere* Schnaufer *(BWb. 2, 573), allerdings unter Schädigung des Reimes, ersetzt. Wittenwiler gebraucht dafür* snauferman *136.* Völcklin *H,* Voliklin *S wird wohl einen gemeinsamen Fehler bedeuten, da mit* Welldin Schnaufer *317 zweifellos dieselbe Person gemeint ist und diese Lesart durch* Wälti Snupfer *in D (s. MHz. 442) gestützt wird.* Welldin *deutet wahrscheinlich auf* Veldin *o. ä. =* Valentin. *Ist die Lesung* Völklin *etwa durch eine Form* Völtl(in) *zu erklären?*

28 Nodung: *der Name* Nuodunc, *aus der Heldensage bekannt als der des Sohnes Rüdigers von Pöchlarn, der durch Wittege fiel, kommt auch als Bauernname im Fastnachtspiel vor: s. Keller 575, 29. Der Name ist ziemlich oft, besonders in Bayern zu belegen, wie Wilh. Arndt, Die Personennamen der deutsch. Schauspiele des Mittelalters S. 50 (nach Socin, Mhd. Namenbuch S. 570) bemerkt.*

29 ain gerad man: *vgl. Ring 3729* er ist ein junger, grader knecht *und Ko.*

34 vorschen *mit persönlichem Akk. (= „fragen") ist bei Lexer nur aus Chr. 5, 315, 21 belegt. S. DWb. 4, 1, 1, 2, 8a.*

35 „Wenn meine Mutter es mir befiehlt": *eine der Sitte gemäße verschämte Ausflucht. Es fällt auf, daß vom Vater nicht die Rede ist. S. aber 99* meins vaters knecht.

36f. „Sie wird dir nichts anhaben, (wie du dich auch entscheiden magst)."

41ff. *Nach der Verlobung des jungen Paares wird sofort die Mitgift der Braut (ein bescheidener Viehstand) und die Gegengabe des Bräutigams (etwas Grundbesitz, Feldfrucht, Geflügel und Geld) festgesetzt.*

44 ain kuo, die was halb *ist durch die gesamte Überlieferung gestützt: man darf wohl an* halpvihe *denken (s. Lexer 1, 1153)*

„*Vieh, dessen Nutzung zwei zur Hälfte ziehen, indem der Eigentümer dasselbe dem andern auf dessen Weide oder in Abwartung gibt*". *Mone, Zeitschr. f. d. Gesch. des Oberrheins 3, 402. 407 bezeugt dieses Verfahren schon im 14. Jh.* Betz erhielt somit die Kuh zum halben Nutzgenuß gegen vollständige Wartung, sie verblieb aber Eigentum des Brauthauses.

46 ain plassetz rösslein: *das BWb. 1, 330 verzeichnet das Adj.* blasset, blaschet; â blascheter Ochs „*der einen weißen Streifen an der Stirne hat*".

47 *Die Zeile klingt völlig rätselhaft. Vorher sind lauter Haustiere genannt.*

48 widerlait: *rechtlicher Ausdruck für die Gegengabe des Bräutigams, die* widerlage. *S. J. Grimm, Deutsche Rechtsaltertümer I, 594 und BWb. 1, 1458 „Im Ehevertrage widerlegt der Mann seiner Frau ihr mitgebrachtes Heiratgut, indem er ihr für gewisse Fälle ein Äquivalent von seinem Vermögen ... zugesichert.*"

50 habern *als Nom.: s. BWb. 1, 1033. —* recht erplät *geht wohl auf das tüchtig aufgeblähte Korn des Hafers.*

51 von dem tennen: *nämlich des Bräutigams.*

53 fünf pfunt pfenning: *s. BWb. 1, 434f.*

55 *Mittags* (ze undern) *findet die Verlobung statt, die Hochzeit noch am selben Abend (s. 59). Am Morgen des folgenden Tages, nach der Brautnacht, geht man in die Kirche.*

56 „*Die Leute waren gespannt darauf.*"

57 *Die gesamte Überlieferung weist auf* wa, *während der Zusammenhang* wan *fordert: s. 59. —* Die hochzeit: *d. h. die Verlobungsfeier, nach der die Brautleute in die Ehe eintreten. Das abendliche Festessen und -trinken ist kaum angedeutet. Das eigentliche Hochzeitsmahl setzt erst nach dem Kirchengang ein.*

64 *Die Textgestalt nach D 70. Vgl. Neidh. 38, 22* Megenwart der witen stuben eine hât.

65/66 *S. 119/120 und ZsfdA. 50, 234 u. Anm. 1. Es handelt sich offenbar um eine ungeschickte Wiederholung. —* Tursz *ist* turse, türse *bei Lexer 2, 1587 und BWb. 1, 625.*

67 *Zu* Kopp *mag* koppe *in Haupts Neidh.-Ausg. XXIII, 21 (= Kapaun oder Hahn?) verglichen werden oder* koppe = „*Rabe*" *Lexer 1, 1677.* Kiliantz *wird noch 222 als einer der zwei gewählten Vertrauensmänner genannt, die man bei der Darbringung der Hochzeitsgeschenke der Braut zur Seite setzt, erscheint aber 249 selbst in der Reihe der Spender.*

68 Mantz: *auch ein Name in Kellers Fastnsp. (581, 11).*

69 *S. ZsfdA. 50, 256, Anm. 2.*

71 jenset = jensît *Lexer 1, 1479; ohne Artikel wie* jensît mers *Parz. 342, 6: s. Mhd. Wb. 2, 2, 327^b 50ff. und* enhalp mers *Neidh. 11, 8 und 13, 8 Überschrift in c.*

72. der ledrer: „*Der Gerber*".

74 Widenman: *Pupikofer, Gesch. der Kirchgemeinde Wängi S. 47 verzeichnet 1635 Joh. Widenman als Pfarrer.*

75 Rumpf und Rampf *sind als Appellativa bekannt; wenn aber in der Nachfolge Neidharts solche Namenschwälle los-*

gelassen werden, greift man ohne viel Federlesens auch zu bequemen ablautenden Bildungen: vgl. etwa Schnipp und Schnapp *Fastnsp. 337, 21.*

76 *S.* Haintz der Muntvoll *331.*

77 *Der in allen 3 Handschriften gebotene Frauenname* Ges *erscheint auch im Fastnsp. 402, 25 (Arndt S. 54).*

78 genspluom: *das Appellativ ist nur in mhd. Glossen belegt (s. Mhd. Wb. 1, 216ᵇ 41f. u. DWb. 4, 1, 1, 1267).*

79 Vellpruoch *erscheint 236 unter den schenkenden Gästen.*

80 Rindschuoch: *das Appellativ belegt Lexer 2, 454 („Schuh aus Rindsleder"). Er gilt als Zeichen der Armut: s. DWb. 8, 976.*

81f. zierenhelt: *in D 131 steht dafür* zier held *d. h. „schmucker Bursche" als Ersatz für das unverstandene Kompositum.* Ziere *adj. = stattlich ist epith. ornans in Ottokars Reimchronik bei* helde *(s. 381, 609, 4549 u. ö.). Dieses gebraucht Oswald von Wolkenstein in Nr. 47 (Schatz) ,4* junkfrau, sind die air noch gar gezelt ? So lauft, ir zierenhelt, und esst si ungeschelt! *(Spottend im Munde des Fräuleins gegenüber den Bauern) und 81, 59* Se, sä, nu gämet, zierenhelt. *Jos. Schatz, Sprache und Wortschatz der Gedichte O. s. v. W. S. 110 gibt* zierenhelt *mit „schöner Kerl" wieder. Lexer 3, 1108 umschreibt „der sich ziert, spröde tut". Der ersten Stelle steht nahe L. Wirth, Oster- und Passionsspiele S. 116, Nr. 83* wen ir seit ein zürenhelt, so man die herten eier schelt. *Sterzing 147, 171 = Pichler 46, 33f. Der spottende Zusatz gemahnt an den in V. 82; er parodiert ähnliche wie* ze strito. *S. das steirische Scheltlied auf die Bayern bei Herm. Maschek, Lyrik des späten Mittelalters S. 115, Z. 27f.* ich ... sprich, daz di Payren seind helt — ja, da man di herten air schelt. *In demselben Sinne ist ja auch D 132f. zu verstehn. Der Ausdruck* zierenhelt *schillert sonst in seltsamen Farben. Seemüller verzeichnet ihn Deutsche Chroniken 6. Band (s. das Wörterverzeichnis 236, 12. 15) als sauren Wein des Jahres 1392. F. Mentz findet (Zs. f. deutsche Wortforschung 5, 223—28)* zier(en)held *mehrmals in Urkunden u. Chroniken des Bauernkrieges, zuerst 1519, u. z. nur bei Bauern des Schwarzwaldes, in der Bedeutung eines Alarmrufes: „Schwabenlärm".*

83 Also *das zur Einleitung des Zeitsatzes: die Verbindung ist offenbar so zu verstehen wie* swenne daz *u. ä.: s. DWb. 2, 824. 25.*

84 uf die fart = „hinzu." *Mhd. Wb. 3, 252ᵃ 43.*

85 preutelpett = „Brautbett": sonst nicht bezeugt.

91ff. *S. GA. Nr. 35 (Bd. 2, 221) 94f.* wizzet, daz er den selben vurt nû vunden het ân allez lieht: *aus einer Liebesszene. Über das hier verwertete Motiv des Liebestelpels s. ZsfdA. 50, 236, Anm. 3, ferner Hilde Hügli, Der deutsche Bauer im Mittelalter 128, Anm. 95 (mit Hinweis auf Kellers Fastnsp. Nr. 7 und das Maere vom großen Durst in Laßbergs Liedersaal Bd. 3); s. auch die Novelle vom schwangeren Mönch GA. Nr. 24 (Bd. 2, S. 58ff).*

97 volle = „betrunkene". *S. 101.*

100. Vand es: *s. Ko. zum „Ring" 5504.*

101 Der narr: *er hat Metzens unvorsichtige Worte nicht erfaßt.*
— entschlieff: *„schlief ein und schlief fort".*
104 ackerknab: *von Lexer (Nachtr. 12) nur hier nachgewiesen.*
— tuort (: fuort) *erklären die mhd. Wbb. (3, 50ᵃ 50ff. und Lexer 2, 1583) mit einem sonst unbezeugten* türn *„an der Türe warten". Der Zusammenhang verlangt vielmehr ein Verb der Bewegung: Betz schritt an der Spitze des Zuges, die Burschen hinter ihm drein. Vielleicht ist also an mhd.* turren *„taumeln, stürzen" zu denken (s. Mhd. Wb. 3, 153ᵇ 10ff., Lexer 2, 1587 und BWb. 1, 620): „torkeln" vom ungeschlachten Gang der Bauern.*

105ff. *Das Gedicht läßt den Vorgang in der Kirche offen. Wir erfahren nur vom Zug vor die Kirche, dem Ruhegebot des Mesners und der folgenden Raufszene, bei der es die Mannschaft des Hochzeitsgefolges auf des Bräutigams Haar abgesehen hat. Viel klarer gestaltet den Sachverhalt die längere Fassung in D 317ff. Über den derben volkstümlichen Hochzeitsbrauch s. K. Weinhold, Die deutschen Frauen in dem Mittelalter³ 1, 361 und ZsfdA. 50, 262, Anm. 2, auch Ko. zum „Ring" 5288ff.*

107 *Das fehlende Objekt* in *ist vielleicht nicht aus den Zeilen vor- und nachher zu entnehmen, sondern hinter* erwüsten *(als* in*) zu suchen.*

111 *„Wie es denn Bauernsitte ist."*

119 *Es fällt auf, daß erst jetzt das Eintreffen der Sippe Metzens erwähnt wird. — S. oben zu 65/66.*

121 Pfeffersack *ist späterhin verbreitetes Scheltwort für Kaufleute. S. DWb. 7, 1639. Im Mhd. ist das Kompositum nicht bezeugt.* — Lärennapf: s. *ZsfdA. 50, 257, Anm. 2 und 258, Anm. 2. S. unten 147* die näpf wurden pald lär. *Vgl. auch* Lärenchoph *im „Ring" 3620.*

122 Kabeshaubt = kabezkopf *bei Lexer 1, 1491. In manchen süddeutschen Gegenden = „Dummkopf": so schon bei Fischart (s. DWb. 5, 10). Vgl. Gottfried Keller, Die Leute von Seldwyla: Die Braut hieß Jungfer Häuptle und die zukünftige Firma also „John Kabys-Häuptle", zu deutsch „Hans Kohlköpfle".*

123 Penz: *s. Ko. zum „Ring" 144; Lexer 1, 216 (Koseform zu Bernhard); BWb. 1, 252 (Appellativ) und DWb. 1, 1477. Knoll verzeichnet Arndt S. 70, Anm. 1 mehrfach aus dem Fastnachtspiel. Über das Scheltwort s. Lexer 1, 1652, über* Ackertrapp *s. Ko. z. „Ring" 5323.*

124 Des Türsen sun: *bezieht sich natürlich auf 120.*

125 halb edel: *J. Petersen, Das Rittertum in der Darstellung des Joh. Rothe S. 80: „Der niedere Adel ... war verarmt und mancher Rittersohn ließ sich in der Not sogar zur Heirat mit einer reichen Bauerntochter herab. Es entstanden Zwischenstufen: Halbritter oder Halbedle, für deren wenig angesehene Stellung Hugo von Trimberg und das Liederbuch der Klara Hätzlerin Zeugen sind." Er meint diese Stelle. Hugo vergleicht diese Halbritter den Mauleseln. Die Namen der „halbedlen" Gäste aus Metzens Sippschaft erinnern verdächtig an die der Kumpane Helmbrechts. S. schon Wallner Zs. 72, 277.*

127 Durchdenpusch: *bei Heintze-Cascorbi, Die deutschen Familiennamen ist auf denselben Namen im ,,Renner'' verwiesen, er ist auch 1378 in Braunschweig angeführt,* Durchdenwald um 1300 (bei Socin). — *Schlinddenspiss: die Überlieferung und der Reim legen* -spiesz *nahe, aber der Zusammenhang duldet nur* -spisz: *der Name deutet auf einen gierigen Fresser wie* Leck(den)spiss *im ,,Ring'': s. Ko. zu 152 und 2636.*

128 Raumdietaschen: vgl. *Bildungen wie* Rûmeroc *und* Rûmedenwalt *(Riesennamen Virginal 872, 5 und 874, 7),* Rûmezlant. — *Zu* fiesz *s. ,,Ring''-Ko. zu 1076. S. auch ZsfdA. 50, 254.*

129 Paurenveind: *seit Konrad Grünenbergs Wappenbuch (letztes Fünftel des 15. Jh.s) Beiname Neidharts (s. ,,Ring''-Ko. zu 157), heute noch verbreiteter Familienname.* — Sträusguot: *s. W. Wackernagel, Deutsche Appellativnamen, Kl. Schr. 3, 117: in Fischarts Gargantua* Straiesgütlin *die appellativische Bezeichnung eines Verschwenders. Hier die eines Strauchritters.*

131 der pfeiffer: *s. ,,Ring''-Ko. zu 181f.*

132 in der kuchen *nach S: s. ZsfdA. 50, 226, Anm. 3.*

134 Vgl. Seit all frisch *174. An das folgende Zeilenpaar erinnert dort 177. 78.* frisch = *,,munter.''*

137/138 *,,Daß sie es hineinstopften und ungekaut verschlangen.'' Das Mhd. Wb. 1, 831*[b] *35f. erklärt* unkewen *hier wie* unküwes *in D 146 als Adverbia (,,ungekaut''), Lexer 2, 1901 jenes als Part.-Adj., dieses als adv. Gen.; ich fasse es als* unkiuwe(ne)z.

139—142 *ist in D nicht verwertet, in S lückenhaft erhalten. Der Text in H macht Schwierigkeiten. Indem man mit aufgesperrtem Maul an dem Weißbrotwecken zerrt, stößt einer das Glas (?) vom gedeckten Tische auf den Boden. Was heißt aber 142?*

143ff. *Der Sinn ist: Je vier Bauern richtete man um einen Kübel an: was, bleibt unausgesprochen; vermutlich eine Art von Suppe, ein Mus, zu dem das von den heißhungrigen Gästen voreilig verschlungene Weißbrot gehört hätte, S. 175. In D 149 wird Hirse genannt. Die Kübel vertreten die Schüsseln, die Näpfe (147) die Teller.* richten mit persönlichem Dativ *bedeutet ,,anrichten'': s. Lexer 2, 434;* mit namen = *,,besonders''.*

148—150. *S. ZsfdA. 50, 267.*

151—156 *S. ebendort.*

155 der part = *,,das Kinn''. S.BWb.*[2] *1, 282.*

162 tast: *dasselbe Verb liegt nach Reim und Gebrauchsweise 283 vor, wo H* taschet *bietet. D hat in den entsprechenden Stellen (184 und 466)* tast. *Im Mhd. Wb. 3, 17*[b] *40ff. wird dieses Verb treffend durch ,,mit einem Klatschlaute niederfallen'' umschrieben, aber unrichtig unter* tasten *gestellt; an sonstigen Belegen wird nur Lanzelet 1932 beigebracht:* er liuf den jungen degen an und stiez in also vaste, daz er nider taste. *Zu diesen Präteritalformen ist ein Infinitiv* taschen, täschen *anzusetzen. Lexer 2, 1408, wo die unzutreffende Einreihung übernommen ist, fügt noch Malagis 64*[b] *hinzu:* ich bin getast harte unvriuntlich. *Das davon abgeleitete* tascheln *ist in der Redensart* es rengt, das es

taschelt *(s. BWb. 1, 627 u. Lexer, Kärnt. Wb. 53) bis heute lebendig.*

164 Schencka hie *hat auch D 186.*

165 *Am ungeschlachtesten klingt der Zuruf nach H.*

166 *In der naheliegenden Änderung* vater *treffen die Handschriften S und D zufällig zusammen.*

168ff. *Das Besudeln der Hände mit Speise galt jedenfalls als Unart: das Rübenmus war mit Löffeln zu essen. Im ,,Ring" 5725ff. gebraucht in der Tat ein Teil der Gäste solche, während andere kurzweg die hohle Faust verwenden, vermutlich, weil es an Löffeln gebricht. Somit trifft Alfred Hagelstange, Süddeutsches Bauernleben im Mittelalter S. 245, Anm. 3 nicht zu.*

172ff. S. ZsfdA. 50, 268, Anm. 2. Der Koch macht den Verstoß gegen die Tischzucht, den Bräutigam und Gäste ihm gegenüber beginnen, durch seinen eigenen ihnen gegenüber wett.

175 *Der Koch bringt gebratene Würste (186. 189 u. 191) mit Mus (in D* brutmus *genannt). Gegen jede Tischzucht verschlingt man zuerst die Würste, dann verzehrt man das Mus mit Brotstücken an Stelle der Würste.*

179 *S. ZsfdA. 50, 258, Anm. 1.*

188 Alspald und: *in D mit* do *(218) wiedergegeben. S. BWb. 1, 103/4: relatives* und *(,,so bald, wie").*

195 von stund darnach *,,sofort darnach". Mhd. Wb. 2, 2, 711.*

197 procken *,,brechen": heute noch so in der niederöst. Mundart gebraucht. S. BWb. 1, 347. Wenig mhd. Belege bei Lexer 1, 358 u. im Mhd. Wb. 1, 245ᵃ 15ff.*

198 mocke *,,Brocken": in der eigentlichen Bedeutung im Mhd. Wb. 2, 1, 215ᵇ 45ff. nur aus dieser Stelle (und D 228) nachgewiesen, bei Lexer 1, 2193 auch aus Fastnsp. 894, 28; s. außerdem BWb. 1, 1566, DWb. 6, 2434. Wohl ein Ausdruck der niederen Volkssprache.*

200 von got *ist mit* ain wunder *zu verbinden. —* nam *(nur in H): der Dichter spricht wie ein Augenzeuge; anders D 231.*

202 muntfol *hat auch H: Lexers Bemerkung 1, 2235. 36 beruht auf der falschen Textgestaltung bei Haltaus.*

206 juchtzgen: *nach H; S hat die gewöhnliche Form* juchtzen: *s. Lexer 1, 1484 und BWb. 1, 1199.*

208 überlaffen*. ,,betrunken". S. Mhd. Wb. 1, 928ᵇ 15ff.*

210 *Eine für den Zustand der Betäubung übliche Wendung: Ernst Martin verweist im Kommentar zu Wolframs Parzival 117, 5* ir was gelich naht unt der tac *auf Reinhart 594* ern wisse, wederz was dac oder naht.

211 *H hat* kalchhauff, *S* kolehauff *(beide Ausdrücke sonst unbezeugt): für beide Vergleiche liefert Martins Anm. zu Kudrun 364, 2 Parallelen. ,,Dampf" bezeichnet noch heute in der Wiener Volkssprache einen starken Rausch. S. BWb. 1, 510.* ruchen = ,,dampften, rauchten".

213 truog ab: *ohne Objekt wie* richten *143,* uf heben *179,* uf nemen *D 239 u. ä.*

215 zagel *für penis* s. *Mhd. Wb. 3, 839ᵇ 33ff., Lexer 3, 1020 und BWb. 2, 1089ff. Die Maßregel hat denselben Zweck wie die im folgenden erwähnte.*

216 huob zuo „hielt zu" *S. BWb. 1, 1037.*

218/219 straun = *mhd.* strûm „*Strom*". *Da nach dem Reimpaar* zaun : straun *zu* tan *die entsprechende Reimzeile fehlt, ohne daß im Zusammenhange etwas abgeht, und* tan *somit einen dritten Reim zu den vorhergehenden abzugeben scheint, läge hier der einzige Dreireim des Gedichtes vor, u. z. ein ungenauer von* au : â. *Die Fassung in D läßt auch keinen ausgefallenen Reim erschließen.*

220ff. *Die Braut und ihre beiden als Vertrauensleute gewählten Beisitzer nehmen offenbar die Hochzeitsgeschenke entgegen. Vom Bräutigam ist nicht die Rede, obzwar manche der Geschenke ausdrücklich für ihn bestimmt sind. Über* Kiliantz *s.* oben zu 67.

223 *Der* maier Rantz *wird in der Rauferei noch einmal genannt (361). Heintze-Cascorbi vermerkt einen* Wernerus dictus Ranze *1299 Geberschweier; ein Subst.* ranz „*Streit" die mhd. Wbb.*

227 *S. ZsfdA. 50, 238. 39, Anm. 2. Mir scheint jetzt* pruckprett *das Rechte mit Rücksicht auf* bettbrett *D 380: also ein Brett für die* bruck, *das Brettergerüst am Ofen, das als Lagerstätte dient.*

231 dem andern ze has: „*um den andern zu ärgern.*"

238 Pertsch *erscheint nur hier genannt. Vgl. aber 341* man sach Pertzen Schollen, *wo* S betzen bietet. *D schreibt 397 und 542* Bärschi: *lauter Koseformen für Berthold.*

241 juppe *ist hier männlich gebraucht (s.* er *246 u. 248, in 244), in den mhd. Wbb. n nur als weiblich verzeichnet. S. aber BWb. 1, 1208. 9 —* Jordan *begegnet als Judenname im Eger. Fronl. 4678 (Arndt S. 10). Heintze-Cascorbi verzeichnet* Jordan *im Gött. UB. als Vornamen im J. 1229.*

243ff. *Der Witz dieser Stelle, daß eine überaus fragwürdige Gabe vom Spender höchlich herausgestrichen wird, muß im folgenden mehrfach herhalten.*

246 Dann das = wan daz: *s. Ko. zum „Ring" 3731.*

250 sein plawen huot: *s. George Fenwick Jones 'Christis Kirk' and 'Peblis to the Play* PMLA *68, 1110. 11 (Hans Sachs, Fabeln I, Nr. 112, Uhland, Volkslieder I, 244, 3).*

252 *Zu dieser Beteuerung vgl. Ulrichs Lanzelet 1125* er sprach: „Oder ich verliuse daz leben, ich wil die morgengabe geben, der mir nieman danc seit; *auch M. Hz. 420f.*

261 *S. ZsfdA. 50, 226, Anm. 3.*

262 Wernlin *geht wohl auf* Wernher *zurück; s. Heintze-Cascorbi 505.*

267 Troll *spielt beim Ausbruch der Rauferei am Schlusse eine besondere Rolle: s. 303—350.*

269 der schaller = „*Schwätzer, Prahler" Lexer 2, 643.*

270 *S. ZsfdA. 50, 239, Anm. 1.*

271 „*Er wollte immer den Tanz eröffnen. Zu* ains *hier und 275 s. „Ring"-Ko. zu 6190. —* ains davorn gan: *in D 444* ains

vorgan; *vgl. 458f.* wie hüglich do trat Walther mit fro Metzen vor.

275 *Graff vermerkt zu dieser Zeile: „Die Verse, die man hier vermißt, fehlen in der Handschrift." Weder der Reim noch der Zusammenhang weisen auf eine Lücke; auch stimmt der Text völlig zu dem in H und D (452).*

276 weisz... als ain prant: *mit direkter Ironie; s.* swerzer danne ein brant *Erec 653 und Haupts Anm. sowie „Ring"-Ko. zu 77.* brant *ist eine verrußte Fackel. Vgl. Wolframs Willehalm 318, 30* besenget was diu stange ... si was swarz als ein ander brant.

278 *Er geleitet die Braut zum Tanz unter die Dorflinde, wo sich die Dorfbewohner einstellen.*

279 dorfgesinde *ist von Lexer (Nachtr. 124) nur hier verzeichnet.*

281 pfiff *in H S scheint ein gemeinsamer Fehler für* pfaiff *(s. 131) oder* pfiffet *in der entsprechenden Stelle von D 456, also* pfeiffet *hier. Praeteritalformen wie* pfiff *bezeugt Weinholds Bayr. Gr. S. 279 erst seit dem 15. Jh. —* als e: *s. 131.*

283 fuoszstro *ist den mhd. Wbb.n entgangen. Die Bauern tragen zur Schonung der Füße Stroh in den Schuhen. In einem Gedichte des Königs vom Odenwalde berichtet der Esel (X, 85 ff. in Edward Schroeders Ausg.)* Min meyster, der do vor mir gieng, daz heu im uz den schuhen hieng, daz er drin hatte gestozzen. *Ist der Schuh schlecht geschnürt, so springt es beim Tanze hervor. In D 468 erfolgt das wegen der löcherigen Sohlen. S. „Ring"-Ko. zu 3769 ff.*

286 Hartzjo, hartz: *Jauchzer der tanzenden Bauern. Erklärungsversuche bei Lexer 1, 1191. Sonst nicht nachgewiesen.*

287 *S. 276. Offenbar Gegensatz zu* sauber = „anmutig".

288 schocken: *von den Tanzbewegungen. S. Mhd. Wb. 2, 1, 178ᵃ 6 ff. und Lexer 2, 766. —* dorftocke „*geputzte Bauerndirne": nur hier belegt.*

290 wacken *in H und* wagen *in S besagen ungefähr dasselbe, doch scheint das erste eigenartiger.*

296 niemantz: *erstarrter Gen.; s. Lexer 2, 76.*

301 Guot: *die durch den Reim gestützte Form mit* uo *rückt den Frauennamen von* Geut, Jeut *in den Fastnachtspielen (s. Arndt S. 54) und Neidharts* Jiute *ab. S. BWb. 1, 1212* Jutte, Jaute, Jeute. Judith? *Das Kloster* Jeutendorf *n. von Böheimkirchen NÖ. Neidh. XLVIII, 9 liest Götze (Beitr. 65)* Guoten *mit Hinweis auf HMs. 1, 25ᵇ 5, 17 (Konrad von Kilchberg). S. ferner Neidh. 187, 8.*

307/308 er *in 307* = Troll, *in 307* = Leutsolt: *er (l. der ?) konnte zu Trolls Angriffen keine freundliche Miene machen.*

309 Was wilt du machen? *d. h. du kannst mir gar nichts anhaben: höhnische Abweisung von Trolls Drohungen.*

311 „*Damit ging es los.*"

315 pfeiffens uffhort: *s. DWb. 1, 672.*

316 „*Alles lief durcheinander.*"

318 Leutsolten: *s. 291.*

321/22 *Drastische Schilderungen von Verletzungen der raufenden Bauern, bzw. von entsprechenden Drohungen damit liefert schon Neidhart; vgl.* 50, 25 ich slahe in, daz sîn offen stât ein elle *und* 57, 1 er slahes, daz diu sunne durch sî schîne. *Ebenso seine Schule:* 158, 10*f.* ich ... slah im ... eine vlaschen, daz im die hunt daz hirne ab der erde müezen naschen *und 22* ich trenne in ûf, daz man wol einen sezzel in in setzet. *S. Brill S.* 72. 114*f. und* 116*ff.* 208*ff. Neith. Fuchs* 203*f.* er wirt ... erhawen, das man in zesamen klauben mûß.

323 *S 295 und 298.*

325 bruoder Grimme: *die Stelle erinnert an Neidh. XLVIII, 12* dô sante ir bruoder Grîne (: vingerlîne) nâch hilfe sâ zehant. *Näher steht die Kampfszene in MsH.* 3, 263ᵃ 5 *(Hs.* c *Nr.* 99), *wo ein* Grimme *Hilfe herbeiruft.*

326f. *S. ZsfdA.* 50, 243, *Anm.* 3.

328 *S. a. a. O. S.* 227, *Anm.;* wer hat dir getan *auch D* 530. *Vgl. Virginal* 24, 4 juncvrouwe, wer hât iu getân ? *S. ferner* wer tete der megde reine ? 601, 3 *Wolfhart,* wer hât dir getân 694, 2.

329 *Über dieses anders s. DWb.* 1, 312, 33.

332 ,,*Dafür muß er solchen Kaufpreis hinnehmen" mit Hinblick auf die folgenden Schwerthiebe. Vgl. Neidh.* 89, 34 von den hân ich boesen wert, swelhen ende ist var.

335 flüctiglich *in H stört das Versmaß,* flüchtlich *in S ist von Lexer* 3, 420 *nachgewiesen.* — gunde: *vgl.* 139, 194 *und* 288.

337 Elckenpolt *überliefern beide Handschriften hier wie* 348*; dagegen hat D* 538 *und* 549 *die offenbar richtige Form* Erckenbolt, *die mehrfach in unechten Neidharten begegnet: s. das Register der Ausgabe S.* 353. — selbtneunt *wie* selbtzehent 340*: s.* selbt = selp *Lexer* 2, 862.

339 Archan *hier und* 357 *offenbar fehlerhaft. D hat die Form* Orhan *410,* 540 *und* 562, *d. h.* urhan, orhan = ,,Auerhahn" *(Lexer* 2, 2004). *Somit wäre in beiden Stellen des MB.* Aurhan *zu lesen.*

341/42 Pertzen Schollen: *s.* 238. — gesigen an dem ersten tail ,,*siegen über die erstgenannte Partei", d. h. die* Leutsolts*: D besagt* an dez Grimen tail (543). *Pertz gehörte also zu Trolls Freunden,* Walther *aber wie* Elckenpolt *zu denen* Leutsolts.

344 schimpf ,,*Spaß*": *natürlich mit Ironie.*

345 der mor *in S wird gegen* Mair *in H nicht nur durch den Reim gestützt, sondern auch durch D* 546.

347 lung und leber: *s.* ,,*Ring*"-*Ko. zu* 338.

348 pracht *in HS ist vielleicht aus* praucht *(s. D* 549) *entstellt.*

349 We, wie: *mit Rücksicht auf D* He, wie.

353 spiesszstang *im Mhd. nur hier und in der entsprechenden Stelle von* Metzen hochzit (556). *S. für später DWb. s. v.*

355 entwaich = ,,*nicht standhielt.*"

357 Ram: *vermutlich* ram ,,*Schafbock*". *S. Mhd. Wb.* 2, 1, 552 a.

360 *Die Schlägerei wird immer größer, indem neuer Zuzug vom Tanzplatze kommt.*

361 maier Rantz: *s. 223; ein meier Ranz wird Neidh. 181, 6 (in c) genannt. S. auch 215, 22; 227, 9; 228, 48 und XXXII, 9.* Ochsenpeul: *in D 114* Ochsenböl.

362 Ruolin: *vgl.* Ruolinstacin(?) *im Osterspiel von Muri (Arndt S. 98). — Über* Eisengrein *s. „Ring"-Ko. 136.*

363 *Zu* Seus *verwies mich Seemüller auf Heinrich* Seuse.

365 Gösz: *s. W. Wackernagel, Kl. Schr. 3, 117 u.* wüetelgôz; *er meint,* gôz, *sonst ein Eigenname, habe dieselbe Abschwächung in den Begriff eines Menschen ohne Sinn und Verstand erlitten wie* wüetelgôz, *wobei er sich auf diese Stelle beruft. Es ist aber hier wohl als Eigenname zu verstehn.*

367 im *in beiden Handschriften (auch in D 578) im Sinne von* sîn „von ihm".

373 Kirninprot: *belegt Lexer 1, 1588 aus Grimms Weistümern; das DWb. 5, 609 erklärt* Kernmehl *als das feinste Mehl. Zum Namen vgl.* Girstibrot *D 89.*

376 Wann *in beiden Hss. scheint Verderbnis des echten Textes zu sein; D hat dafür* Als *(587). So ist vermutlich auch hier zu lesen; wegen des* Als *der folgenden Zeile vielleicht* Sam.

383 Ruppen *nach H S (und D 620).*

384 „Bis auf das Kinn (durch)gehauen."

385 Frick Rehlin *nach H S (in D 622 ist nur* Fricken *erhalten): vgl. D 104. S. Heintze-Cascorbi u.* Fríbus. *Bei* rechling *wäre vielleicht an den Fischnamen dieser Gestalt zu denken. S. Heintze-Cascorbi unter* Börschig, *BWb. 2, 20 und Lexer 2, 372.*

395 *Es ist wohl das „Zusammenläuten" der vorhandenen Glocken gemeint. Vgl. DWb. 4, 1, 5, 144a, β „mit allen Glocken Sturm läuten."*

399 Pirenstengel: *als Appellativ unbezeugt. Vgl.* Birenstil *D 92. S. Lexer 1, 282 und Nachtr. 86.*

401 pot ... usz *im Mhd. Wb. 1, 182ᵇ 17f. und Lexer 2, 2019 mit „forderte auf" wiedergegeben, ohne weitere Belege. Doch s. DWb. 1, 831, 8.*

403 helmpart *hier als st. Fem.; sonst stets sw.*

404 Ain scherb *ist Nom., der mit den in den Bau des folgenden Satzes einbezogen wird. In dem sinnlosen* gehöret *beider Handschriften erkannte Seemüller (in schriftlicher Mitteilung)* gehert(et): *ein aus Lehm gebrannter Topf dient ihm als Helm. S. „Ring"-Ko. zu 165.*

405 stürzt er *in H im Sinne von „aufsetzen" wie im Wilhelm von Österreich Johanns von Würzburg 4067* swenne der den helm stürtzet *(4057* ze haubt binden). *In D 660 steht dafür* satzt er uff; auff *in S ist metrisch nicht haltbar und sprachlich entbehrlich.*

407—409 *S. ZsfdA. 50, 242, Anm. 2.* Ruotthilt *scheint eben der erste zu sein (s. 402), der mit seiner Bewaffnung fertig wurde: D hat denn auch 662* Sust *und legt die Änderung* So *nahe. In*

408 bietet S (wie D 666) kein auch; nach H S ginge der Relativsatz von 408 auf den eben Genannten; nach D In wäre man versucht, den zu lesen und dies auf das folgende si zu beziehen.

410f. S. ZsfdA. 50, 257. Zu der Art, wie die Bauernschlägerei schließlich durch Schiedleute beigelegt wird, die mit Bauerngeräten als Waffen herbeieilen (Hacken, Stangen u. a.), vgl. die Berliner Neidharths. c 125 (HMs. 3, 288ᵇ—290ᵃ) und c 127 (HMs. 3, 290ᵇ—292ᵃ) und Ring 6610ff.

417 S. Ring 2546f. und den Ko. z. Stelle.

Metzen hochzit

Blatt CCXXXVIII, 1 (Vorderseite) b (Spalte rechts)

  Der jung maiger Bärschi
  Hett ain lieb, hiesz Metzi.
  Er waz ir als holt,
  Daz er nach ir sterben wolt.
5 Si was im auch nit unwäg.
  Wie ez umb die sach läg,
  Sin bett wolt si nit eren,
  Er muost ir bett e sweren,
  Daz er ze e und och ze recht
10 Si nem und och genemen mecht.
  Dez wart Bärschi ze rat.
  Also schier und gedrat
  Nam er bidarb lüt dar zuo:
  Burckhart Luogadarfruo
15 Und sin vettern Scholladrit,
  Herman den huofschmid,
  Petern den Hafensleck
  Und sin bruoder Arskeck,
  Slücken uz der bünd
20 Und ander sin guot fründ.
  Do koment durch fro Metzen dar

Ohne Überschrift von der Hand des Schreibers der Handschrift Nr. 104 in der fürstl. Fürstenbergischen Hofbibl. zu Donaueschingen; die Nummer CCXXVI ist von später Hand eingesetzt, ebenso die Bleistiftüberschrift Die Baurenhochzeit, *vermutlich von Laßberg. Der Titel ist der Schlußzeile entnommen. S. ZsfdA. 50, 228, Anm. 1.* 1 *Der Raum für die Initiale ist ausgespart, sie selbst nicht eingezeichnet, links daneben aber für den Miniator vermerkt: ebenso alle andern Initialen* 3/4 *in der Hs. umgestellt*
6 leg   8 Er must jr bett^e sweren   13 zů: *das* o *über* u *ist meist nur durch einen Schnörkel angedeutet.*   14 lüga dar frü
15 scholla drit   16 Her mã huf schmid 17 hofen sleck
18 ars keck 20 frund 21 *ohne Initiale: links am Rande* d

Dietrich der übelfar,
Conrat der platerkopf   2 (Rückseite) a
Und och maier Nasentropf,
25 Kupferranft und Scholle,
Haini Muntvolle
Und der rich Putzer,
Göszwin der Bäsinger,
Ruodi der kuohirt,
30 Bärschi der bösz wirt
Und der alt Nuodung.
Si sprachent: „Bärschi, du bist jung
Und ain starck suber man;
Wiltu Metzen zu der e han?"
35 Er sprach: „Ja, wil si mich."
Do sprach Nudung: „Metze, gich:
Wiltu Bärschin hån zer e?"
Si swaig; er fraget aber me.
Si sprach: „Ja, haist michs min muoter."
40 Do sprach Nudung: „Si entuot dir
Nit dar umb, gelobe mir!"
Alsus mit ir baider gir
Wart dü e geschaffen
An schuler und pfaffen.
45 Do wart Bärschi zu Metzen gen
Dri immen guot und niena tren,
Noch kain böser drunder was,
Und ain märch, dü was plass,
Und ein bock und ain kalb
50 Und ain kuo, dü was halb,
Värlins stellen uff dem gebrait.
Do wart Metzen widerlait
Ain juchart schön mit flachs gesätt
Und ain malter habern wol durchplät,
55 Zwai schaff und ain han

---

22 übel war   23 plater koupf   24 nasen tropf
25 Kupfer ranft   26 munt volle   29 Rüdi   31 nudung
32 dü   35 *ohne Initiale; am Rande* e   sů   36 nüdung
37 han *fehlt*   39 mich   40 nüdung   44 A'n   50 ků
52 wider lait   53 *ohne Initiale; am Rande* a   54 důch plåt
55 schåff

       Mit viertzehen hennan
       Und ain phunt pfenning.
       Daz warent zimlichi ding.
       Disz beschach an eim mentag sunder.
60   Die geburen nam wunder,
       Wan dü hochzit solti sin.
       Da waz ainer under in,
       Der hort Mätzen nach an;
       Der sprach: „Man sol die hochzit han
65   An dem selben abent."
       Die disen rat gabent,
       Den volgtent die andern alle.   2ᵇ
       Alsus mit grossem schalle
       Erhuob sich dü hochzit
70   In Bärschis husz, daz waz wit.
       Man lud die nachgeburen:
       Nieman torst da truren.
       Dar kamen Mätzen frünt vil:
       Peter Durst und Besmanstil,
75   Koupp und och Kiliantz,
       Sifrit und sin bruder Mantz
       Und ir husfrowen
       (Die stuben us den owen),
       Liri bi dem mülibach,
80   Jacob underm schopftach
       Und sin tochter Fellebruoch,
       Albrecht der Rintschuoch,
       Geri, dez pfiffers säligen wib,
       Maier Hug und Eseltrib,
85   Peter Hüsz und Hans der risz,
       Rüdi, Burckhart bi der wisz
       Und fro Gesz, sin muom,
       Bentz der Genspluom,
       Girstibrot und Backenstosz,
90   Hungerstot und Sellosz,

---

61 Wa   71 *ohne Initiale; links am Rande* m   73 frunt
74 besman stil   75 ach kiriantz   80 schopf tach
81 felle bruch   82 rint schüch   83 Gery *oder* Gory
84 hüg   esel trib   88 gens plüm   89 *ohne Initiale; am*
Rande g   irsti brat (brot?)   backen stosz

Und der jung Röchli,
Birenstil und Göchli,
Rüdi Rumpf und Ochsenkropf,
Petter Rapp und Judenzopf
95 Und die Swinfrässe,
Albrecht der resse,
Ortlieb der hün
Und siner brüder nün.
Disz was fro Mätzen geslächt.
100 Dennocht kom manig knecht,
Der maier Bärschi sippe was:
Haini Crieg und Trieffnasz,
Rogenher der snupfer,
Frick der zigersupfer,
105 Conrat Knoll und sin wib,
Rudolff Troll und Petter Kib,
Jos der alt sigrist,
Haini Huszbidemmist
Und der alt Huber,
110 Jacob der gruber,
Dunckinhaffen und Brockangrosz,
Wächtinger und Bruochlosz,
Muntagöl und Vornanhüsz, CCXXXIX, 1ª
Ochsenböl und maier Rüsz
115 Und der Tür und der Zech,
Rüdi Widmer und der Gech
Mit siner wirtin,
Eberhart Onsin,
Häberling und Widergot,
120 Regenbring und Wallebot
Und sin neff Rochloch,
Egloff der guckgoch,
Burgi dishalb baches,
Wechel, sun dez Slaches,

---

93 ochsen kroppf   94 Juden zopf   95 swin frässe   97 den hun   103 snüpfer   104 ziger süpfer   108 hüsz by dem mist   109 *ohne Initiale; am Rande* v   110 grüber   111 Dunck jn haffen   112 brüch losz   113 vornan hüsz   114 Ochsen böl   maiger   118 on sin   119 wider got   120 Regen bring   121 nöff   123 dis alb   124 Wechels sün

125 Arnolt der funden,
    Lütold der gesrunden,
    Üli Foll und Haini Zorn,
    Bärschi Stol und der verlorn
    Rüsch und ander dorfman,
130 Der ich nit genennen kan.
    Dar kam manig zier held,
    Den ain fiertailig gelt
    Mit hirsz nit ersrackt.
    Do daz essen wart gemacht,
135 Man sasz ze tisch und truog für.
    Dennocht warent vor der tür
    Dez torffes nefen ächt.
    Die hetten grosz gebrächt,
    Daz man si nit in lie.
140 Nu merckent, wie ez gie
    In dem husz ob dem tisch!
    Da waz allermänglich frisch;
    Wann si hatten wisz prot.
    Dar über was in also not,
145 Daz si ez in sich truckten
    Und unküwes sluckten.
    Eines daz beschach mit namen,
    Daz man fieren ie ze samen
    Hirsz in ainen kübel richt.
150 Manger do die finger slickt,
    Si fulten baide wangen.
    Ez waz schier ergangen,
    Daz die kübel wurden wan.
    Si begunden zessent fordran.
155 Die wil man androst zessent truog,   1ᵇ
    Do begundentz grosen unfuog.
    Si suffent und trunckent,
    Daz in die zungen hunckent.

---

125 fünden   127 V̈li foll   129 dorf man   135 *ohne Initiale; m links am Rande*   140 Nü   142 aller mänglich   144 uber   146 slückten   147 *ohne Initiale; links am Rande* e   149 kubel   154 begundez ze essent
155 ze essent trug   156 vn füg   157 süffent   158 zung

Do tranck maier Nasentropf
160 Uz ainem quertigen kopf,
Daz man androst schencken must.
Mangem wart durstes busz,
Der der süri nach tranck.
Nieman waz dü wil lanck
165 Wenn allain dem spilman:
Den wolten si erstencket han;
Er must trincken über macht.
Ainer schrai, der ander bracht:
„Pfiff uff, spilman!
170 Wir wend dir wol lonan."
Der spilman pfiffet ainen schal,
Daz ez durch die küchi hal.
Do bracht man rüben wol berait,
Dar uff waz speckes vil gelait.
175 Dez fröten si sich alle.
Do baisz vil manig qualle
In den speck, daz im sin bart
Mit ain ander smaltzig wart.
Ainer sluckt, der ander slant,
180 Ettlicher do verprant
Zungen und rachen.
Wenn si begunden lachen,
So hetten si die backen fast
Erschoben, daz dü spise tast
185 Uz dem mund hin uff daz knie.
Do ruoft ainer: „Schencka hie!"
Der ander sprach: „Leg her brot!"
Der drit sim vatter ze trincken bot,
Ainkainer müssig sasz.
190 In warent allen die finger nasz
Also nach zu der hant,
Daz man wol dar an erkant,
Welher lai spisz si hetten gasz.
Die näpf warent ze guoter masz

---

159 nasen tropf 163 *ohne Initiale; am Rande* d   167 uber
168 scray   169 pfipff   175 froten   179 slückt   186 rüft
189 Ain kainer .. müsig

195 Aber do gemachet ler.
Der koch kam und bracht dort her
Daz brutmusz und gebraten.
Nu merckent, wie si taten!
In waz ze essent also not,
200 Daz kainer dem koch ze trincken bot. 2ᵃ
Do huob er selb und tranck.
Der brütgon sprach: „Hab danck!
Wann ich nie gedacht dar an:
Ich solt dir selb gebotten han."
205 Dez namen do die besten war
Und buten bald ir koupf dar.
Backenstosz und Kirninbrot
Sprachent: „Koch, durch bocks tod
Trinck! Uns ist nit recht beschechen:
210 Wir hant dich bärlich übersechen."
Der koch sprach: „Ez wirt guot rat.
Die wil der win vor mir stat,
So heb ich selb, so mich dürst."
Nu hörent, wie si die würst
215 Und daz muosz verslunden!
Do si erst enphunden,
Wie die würst ze essent warn,
Do liesent si daz muosz farn,
Bisz si die würst gassent,
220 Wann si all entsassent,
Daz man den tisch dannen näm,
E daz prutmuosz uz käm:
So wärent in die würst entragen.
Also begundentz ser jagen,
225 Daz si nach den würsten wantent an
Daz muosz, daz si vor liesent stan.
Dar in sach man si brocken

195 *ohne Initiale; am Rande* a   197 brüt musz   198 Nü..
täten   199 so   200 dem koch da ze   206 büten..
koupff   207 Backen stosz.. kirin brot   208 bock tod
210 uber sec̆fin   211 *ohne Initiale; am Rande* d   214 Nü..
wurst   219 wurst   222 prüt müsz.. köm(köm *undeutlich*)
223 warent.. wurst   226 müsz   227 *ohne Initiale; am
Rande* d.

Die aller grösten mocken.
Die trucktentz mit den löfeln under
230 Und aussen, daz mich iemer wunder
Niempt, wie ez in si mächt.
Der hindrost muntfol waz recht
Als grosz so der erst und nit clainer.
Disz tribentz, untz ir kainer
235 Ain brosam protz vor im hat.
Si warent alle sament sat
Und lepten in dem susz:
Do waz die wirtschaft uz.
Man nam uff und truog ab.
240 Vil manig ungeträpfser knab
Sin zagel um den vinger want
Und verhuob in mit der hant,
Bisz man den tisch uff nam.
Wer do vor trunckenhait mocht gan,
245 Der huob sich hindern nächsten zun   2ᵇ
Und saicht, daz under im wart ain strum
Recht, als ain esel hett getan.
Die aber ze fast erloffen wan,
Der fuor waz me denn wunderlich.
250 Ir ieglicher stiesse sich,
Daz er gäntzlich vergasz,
Weder ez tag oder nacht was.
Ainer swanckt hin, der ander her wider,
Etlicher viel da nider,
255 Den der win überwant.
Enkainer den andern kant;
Si konden got nit genennen.
Die brut fuort man och dannen:
Die was in den gebärden,
260 Sam si wild wolt werden.
Si wainet unde schre
Vil lut: „Owe, owe!"
Man fuort si ze bette.

228 grosten   231 möcht   239 *ohne Initiale; am Rande* m
240 vngeträpffer? *In* ſ *aber kein Querstrich*   242 vˆhüb
245 zün   248 wän   255 *ohne Initiale;* d *am Rande* uber
want   258 brüt   261 vñ schrai   262 lūt

Der brütgan der hette
265 Für ain fiertail rüben genon,
Daz nieman wer ins gaden kon
Won allain fro Mätze.
Er graiff ir an den bletze,
Si stiesz in uff den buch:
270 Daz spil was hert unde ruch.
Mänglich uz dem gaden gie,
Bärschi man an Metzen lie.
Si fachten den hurenden kampf;
Uff und nider als ain stampf
275 Fuorent si an dem bette.
Si spiltent ebenwette:
Daz ietz lag ob, daz lag dann under.
We, wie warent si so munder!
Si rungent vaster, dann ich sag,
280 Untz daz fro Metz am rucken lag.
Do lert er si die stadelwisz
Als unfuog und nit lisz,
Daz si granet unde grain.
Der prütgan sprach: „Naina, nain,
285 Metzlin, gehab dich wol:
Ich bin, der dich trösten sol!"
Er gehiesz ir wol und sait ir vil.
Si tribent da der minne spil,
Bisz daz in der morgen   CCXL 1ᵃ
290 Nit lenger wolt borgen
Der sallen fröd pringenden nacht.
Man kam mit schallencklichem pracht
Und bracht in zessent an daz bett;
Gelückes wunst man in ze wett.
295 Do gab Bärschi der brut
Ze morgengab überlut
Ain muterswin grosz und schön:

264 hetten 265 furtail 270 v̄n 271 *ohne Initiale; am Rande* m 276 eben wette 281 stadel wisz 282 vnfüg 283 vnd 284 prugan 286 trosten 287 *ohne Initiale; am Rande* e 291 rast *(durchgestr.)* nacht 292 schallencklichn̄ 293 ze essent 294 Geluckes 295 brüt 296 morgen gab uber lüt 297 muter swin schon

Dü waz so recht hön,
Daz si kain wolff erbaisz.
300 Die trumben sluog man uff, got waisz,
Zu der zwerchspfiffen do.
Dez warent die törpel all fro:
Ainer grogiert, der ander sang,
Der drit sait, der fierd sprang,
305 Bisz dasz dü prut geziert wart.
Do zogt mänglich uff die fart,
Der mit ir zu der kilchen wolt.
Man fuort si, als man billich solt,
Höffelich und schon:
310 Ainhalb maier Cron,
Anderhalb do graiff si an
Der grawe maier Kolman.
Diem und Lügart baid,
Den waz der brutlof lait,
315 Wann si Mätzen gespilen wan:
Die muosten vor ze kilchen gan.
Do man gesang und alz ergie,
Man gabs ze samen, alz nu ie
Da her die lüt hant getan;
320 Die brut hiesz man daz pätz enphan:
Daz buoch bot ir der mesner.
Die törpel namen Bärschin her
Und zugent in umb bi dem har
Und roftent in zwar
325 Und slugent in so hart,
Daz er schrient wart:
Disz waz do der törpel sit.
Von der kilchen hie mit
Zogtan si al wider haim,
330 Jung und alt gemain,
Die ich vor genennet han.
Zu der hochzit dennocht kan

---

301 zwerchs pfiffen   303 *ohne Initiale; am Rande* a   305 Bisz
da   prüt   309 schön   310 Ain halb   311 sin
314 brütlof   315 Wañ sü..   wän   318 nü   319 *ohne
Initiale; am Rande* d   320 brüt   321 bat   322 bärsc̄h̄ñ
331 genenet

        Bentz und Haintz Genshirter,
        Burckhart Hindenbitter,   1^b
335 Engelhart und Haderloch,
        Isenhart und Moroch,
        Berhoch, Irmengart und Hill,
        Hade, Grett und Wil,
        Beli, Bercht und ir gespil
340 Gisel und junckfrowen vil,
        Der ich nit erkant.
        Man pfiffet in ze hant;
        Über tisch si sassent dar.
        Ain grosz wirtschaft truog man in har:
345 Arwis unde krut,
        Dez fröt sich dü prut;
        Gersten, linsen, schübeling,
        Daz wag der prütgon ring:
        Er satzt ez ungemessen dar;
350 Er sprach: „Ir herren, niemant spar!
        Essent frölich, als man sol!
        Uff minen aid, ich gan üchs wol."
        Dez erten si in alle:
        Si fulten sich mit schalle,
355 Untz mangem do der gürtel brach,
        Daz doch den wisen nie geschach.
        Die warent wisz und cluog:
        Si gurtent sich gefuog
        Und aussen dabi fürsich an,
360 Bisz in der gürtel recht kan.
        Man schanckt in umb und umb.
        Do wart der wisz tumb,
        Do want der tumb witzig sin.
        Secht, daz macht als der win!
365 Si warent durch not gämenlich.
        Man gab in also follicklich

---

333 *ohne Initiale; am Rande* B   gens hirter   334 hinden bitter   335 hoderloch   336 Insenhart   338 häde   343 uber   344 mā jn dar   345 vnd krüt   346 prüt   347 schubeling   349 *ohne Initiale; am Rande* e   350 h̃rn̄   352 uchs   359 da bi fursich   360 gurtel   362 tümb   365 *ohne Initiale; am Rande* s

Manger hant dorfftracht,
Ez wer an der fasnacht
Genuog gewesen oder ze vil.
370 Die red ich üch kurtzen wil.
Do man enbaisz und dannen nam,
Der besten zwen hiesz man ufstan:
Der ain hiesz Rantz,
Der ander Kiliantz.
375 Die sassent zu der brüt:
In gobetent die lüt.
Ainer gab pfenning,
Do gab manger ander ding, 2ᵃ
Ieder man nach eren tet.
380 Ainer gab ain bettbrett,
Der ander hiesz ain swingen
Im von haimen bringen
Und gobet och der brüt;
Si waren bekümbert lüt.
385 Der gab disz, der ander das,
Ainer gab dem andern ze hasz.
Die da die türsten wolten sin,
Der gab ainer ain spiegelin,
Der ander ainen wirten,
390 Der drit gab ain girten,
Der fierd ainen kruog:
Der schadgot sich gefuog.
Der Zäch gab ainen strell,
Der koch gab ain hell.
395 Do gab Mätzi Vollebruoch
Der brüt ain henfin ermeltuoch.
Do gab Bärschi der übel
Der brüt ain melkkübel.
Doch daz si nit warent rich,
400 Do gabentz alle erlich.
Die zwen, an die ez gesetzet was,

---

367 dorff tracht   370 uch   372 vf stan   376 Ir ... gobotend   380 ain bre *(durchgestrichen)* bett brett   383 *ohne Initiale; am Rande* v.   384 bekömbert   390 gürten
396 ermeltuch   397 barschi .. ubel   398 melk kübel
400 Do: *lies* Doch?   401 *ohne Initiale; am Rande* d

    Si zaltentz guot und sprachent, das
    Da werent drisig pfenning
    Geben on daz ander ding.
405 Dez tanckt vast und was fro
    Mätzen vatter und hiesz do
    Den spilman pfiffen ainen tantz.
    Ir aller schertz waz gantz.
    Da gab do dem spilman
410 Sin jupen Bentz der Orhan;
    Er sprach: „Nu wisset daz für war!
    Ez ist vor vil me denn sechs jar,
    Daz ich si nüwe an lait.
    Luog hin, wie starck und gemait
415 Si ist, wann daz si nit ermel hat!
    Vornan drin ain loch gat,
    Anderswa da ist si gantz."
    Do gab och Kiliantz
    Dem spilman ainen huot;
420 Er sprach: „Ald ich min guot
    Und minen lip verlier:
    Ich koft in um fier
    Nüwer prisger, daz ist war,
    Vor fil me denn nün jar."
425 Ainer gab zwo hantel,   2ᵇ
    Der ander ain alten mantel,
    Der drit zwen rindrin buntschuoch,
    Der viert ain ungewaschen bruoch,
    Der fünfte gab dem spilman
430 Ain schüssel volle bonan.
    Regenscher der snupfer
    Gab im zwen alt briszger.
    Do gab Rudi Wiech
    Ain hennen, dü waz siech;
435 Er sprach: „Se hin, spilman,
    Ich wolt si selb gessen han,

---

403 pfening 409 spil man 411 nü fur 419 *ohne Initiale; am Rande* d 423 prisgöer 428 vier bruch
429 funfter 430 bonnan 431 *ohne Initiale; am Rande* r snupfer 436 wolt jn selb

Wann daz ich dir si han gespart."
Troll und Engelhart,
Rüsch und ander dorffknecht
440 Gabent nit me durch recht
Denn zwen ain gantzen haller.
Aber Wälti Snupfer,
Der muost die hant vom ars lan,
Wen er wolt ains vor gan.
445 In sin täschen graif er schier;
Er sprach: „Se hin fier
Helbling, wann ich nit mer han:
Pfiff mir ains, daz ich kan
Tantzen uff letzen füssen:
450 Min lait wil ich büssen."
Wisz was er als ain prant
Und nam Mätzen an die hant;
Er zogt hin under die linden.
Do koment von dorfes kinden
455 Fier und drisig, dennocht me.
Der spilman pfiffet aber, als e
In Wälti Snupfer gebetten hat.
Ei, wie hüglich do trat
Walther mit fro Metzen vor!
460 Er sprang vientlich enbor
Und snupfet ungefuog,
Wann er an im truog
Sinen dicken schappen.
Die törpel und die lappen
465 Sprungent also vast,
Daz in daz stro tast
Usz den schuchen uff den plan,
Wann in die solan bösz wan.
Buhiern und rambüssen
470 Sach man maier Rüssen.

---

439 dorff knecht   442 snüpfer   443 müsz hant von
449 *ohne Initiale; am Rande* t   451/452 *in der Hs. umgestellt:
s. ZsfdA. 50, 252, Anm. 5*   457 snüpfer   458 E wie hüg-
lich er do   459 so metzn   461 snüpfet   462 trug
463 schoppen   464 torpel nü die loppen   467 *ohne
Initiale; am Rande* v

	. . . . me	CCXLI 1ᵃ
	. . . . re	
	. . . .	
	. . . . artz	
475	. . . . . .nlich gebärd	
	. . . . . . bischof werd	
	. . . . . .selb gesechen	
	. . . . on warhait jechen	
	. . . . t wart	
480	. . . . ugart	
	. . . . aien	
	. . . . e	
	. . . . . . .itzen	
	. hützen	
485	. . . . .in	
	. . . . wolten sin	
	. . . . fro	
	. . . . . . .do	
	. . . . .st	
490	. . . .	
	. . . . bai	
	. . . . chrai	
	. . . .	
	. . . . llen	
495	. . . . . . t jach	
	. . . . gach	
	. . . . . . ruch talt	
	. . . .	
	. . . .	

471 S. ZsfdA. 50, 228, Anm. 2. *Das Blatt wurde mit S. 2 voraus in die Hs. eingeklebt, was durch die Art der Beschädigung geboten war, da ein freier Rand eben nur rechts erhalten blieb. Laßberg schrieb zur Orientierung mit Bleistift die Nr. des Blattes auf S. 1 — Auf S. 1, Sp. a ging keine Zeile völlig verloren: auf dem Lappen in der Mitte sind die Spuren der Blattzahl sichtbar, auch läuft der Reim glatt fort.* 474 (schw)artz 477 elb: *der Rest von s ist oben noch sichtbar* 483 *Das Verb endigte auf -ützen, wie e über d. Z. und der Reim lehren.* 490 *Ausfall einer Zeile deutlich; s. auch den Reim und ZsfdA. 50, 240, Anm. 1* 495 t *unsicher* 496 ach: *vorher Rest eines g?* 498 bis 500 *Nach dem Zwischenraum sind zweifellos 3 Zeilen ausgefallen*

500 . . . .
. . . . brach
. . . . h
. . . .
. . . .
505 . . . .
. . . .
. . . .
. . . .
. . . .
510 . . . .
. . . .
. . . .
. . . .
. . . .
515 . . . .
Troll und Wälti Snupfer 1ᵇ
Sluogent Lütolden
Wundenstraich gar solhen,
Man möcht den ellenden man
520 Mit widen ze sament bunden han.
Do lag der held an ainem rain:
Im hanget dü bruoch um die bain;
Er schrai mit luter stimme:
„Helffa, vetter Grimme,
525 Und la dir hüt lait sin,
Daz ich sere wunt bin!"
Daz erhort der übel man;
Er sprang selb nünd hin dan
Enmitten uff den plan;

---

502 *Rest von* h? 503—515 *Die Anzahl der ausgefallenen Zeilen läßt sich mit 14 bemessen, indem die Nachbarspalte 46 Zeilen hat (43 sind erhalten, 3 unten verloren), also hier 32 + 14 anzusetzen sind. Laßberg nahm 13 an, weil auf* 516 *(nach der Lücke) die Reimzeile fehlt. Da nun im MB. der Lücke 13 Versezeilen entsprechen (s. ZsfdA. a. a. O.), blieb ich bei dieser Zahl, obgleich nach dem Raume eher 15 anzunehmen sind.* 516 Trol snüpfer 517 lutolden 518 wunden straich saten 519 mocht 521 hold? 523 stim 524 grim 527 da: z *in anderen Zügen und frischer Tinte hinzugefügt* ubel 528 salb: *ebenso 538 u. 541*

530 Er sprach: „Wer hat dir getan?"
Dez antwürt Wälti Snupfer:
„Ich bin sin selb unlogenber."
Hie mit röftent si dü swert.
Uodelger und Güdelwert
535 Hulfent Wälti Snupfer.
Die torpel luffent hin und her,
Iederman zu sinem frünt.
Erckenbold selb nünd
Dem Grimen do zu helff kam.
540 Do trat maier Orhan
Selb zehent zu dem Trollen.
Man sach Bärschin Schollen
Sigen an dez Grimen tail.
Daz gieng im ze unhail:
545 Er waz der erst, der do verlor.
In sluog Marckquart der mor,
Daz im dü leber und der mag
Vor den füssen gelag.
Do brucht Erckenbold sin spiesz:
550 We, wie frevenlich er durchstiesz
Ruodi Trollen bi dem nabel!
Er sprach: „Da lig und zabel,
Wann du Lütolden slügt;
Schow, wie ez dir fügt!
555 Ja, gehiesz ich dirs nu lang."
Mit ainer spieszstang
Gab er im dennocht ainen straich,
Daz im der hirnschedel waich

. . . .
560 . . . .
. . . .

---

531 *ohne Initiale; am Rande* d   snüpfer   533 sü   534 Videlger   güdelwort   535 hülfent   snüpfer   536 lüffent
537 frunt   538 salb nund   539 kom   541 salb
542 bärschñ   549 *ohne Initiale; am Rande* d   550 he wie freuenlich durch stiesz   553 Wäñ dü lutalden   555 Jo gehielt   556 spiesz stang   558 . . jn der hirnschedel w . . ch: *von* Daz *keine Spur mehr, von* waich *nur Reste*
559—561 *Über die Lücke s. Zs[d]A. 50, 240, Anm. 2*

Maier Orhan und der Ron,
Daz er sich weren müsz;
Zu im sprang och Rüsz.
565 Si hüwent in ain ander vast.
Der torpel samet sich ain last
Zuo ietwedrem tail.
Ir ettwen manger gail
Von alter atzung wart erslagen.
570 Kainer dem andern wolt vertragen:
Si waren alle ebenhüsz.
Maier Hug und maier Rüsz,
Peter Turst und Eberswin,
Ruodi Butz und Isengrin
575 Koment och zu dem gestösz.
Dez wart der arm Grösz
Geworfen in den mülibach,
Daz man im nütz wann daz hopt sach;
Dennocht tättschott er heruz
580 Und lüf in dez mülers husz.
Der lech im ainen spiesz;
Do facht er als ain fiesz:
Er wundet siben uff den tot.
Ze jungst sluog im Kirninbrot
585 Den spiesz von der hant hin:
Da von muost er flüchtig sin,
Als er nit lenger leben solt.
Do er uff sprang und fliechen wolt,
Do wart dort her gen im gejagt
590 Ainer, der waz och erzagt.
In waz baiden also not
Ze fliechent, daz si sich ze tot
Stiessent an der selben stunt.
Do wart der Grim ser wunt
595 Und och Welti Snupfer
Verhowen, daz im sin smer

562 *Sicher die erste Zeile der Spalte*   orham   564 rusz
567 *ohne Initiale; am Rande* z   571 Sü... eben hiusz
572 hüg   574 In sengrin   575 ach   583 *ohne Initiale; am Rande* e   584 slug jn kirnin brot   588 flieͨhn̄
589 geiegt   590 ach orzegt   595 snüpfer

Ze den sitten uz hanget.
Wann Haintz, der jen erlanget,
Der muost ligen da ze schantz.
600 Daz krösz und och der bettlertantz
Huob sich mangem ze fruo.
Er buost mangem dar zuo
. . . huosten und den neschen,
. . . och . . . den heschen.
605 . . . .
. . . .
. . . . . en fech 2ᵇ
Der slug mangen n . . . . .
610 Der frowen clag und . . . .
Durch . . . luft uf . . . .
Do facht jung und . . .
Do waz Rudolff der . . . . .
Der facht, daz ez . . . .
615 Untz daz man in d . . . .
Al umb und umb . . . .
Do lagent dr . . . . .
Der ander waz an . . . . .
Verhowen und v . . . .
620 Ruppen wart der . . . . . .
Und daz kin gesl . . . .
Do wart Fricken . . . . . .
Gehowen durch . . . . . .
Hafensleck war . . . .
625 Geworffen in . . . . . .

598 Wañ haintz der ien.   599 *ohne Initiale; am Rande* d
600 bettler tantz   602 zu   603 hüster (?) vñ den nesten
604 *Der Buchstabe vor* ch *und die Reste vor* hescħñ *sind kaum zu deuten*   605—607 *Über die Lücke s. ZsfdA. 50, 241, Anm. 1*
608 *Oben ist wohl keine ganze Zeile ausgefallen. Im Anfang der Zeile Rest von* M?   en *undeutlich*   609/10 *Reim* tot: not?
611 Durch luft vs   612 Da (*Reim* alt?)   613 de: r *nicht sichtbar* (*Reim* Rampf?)   614 (*Reim* stanch?).   615 mā jn d   617 *ohne Initiale; am Rande* d   619 (*Reim* verwunt?)   620 Tuppen (*Reim* munt?)   621 (gesl-agen hin?)
622 (Rehlin?)   623 durc: h *nicht sichtbar* (daz achselbain?)
624 (war-d mit aim stain?)   625 (den giel?)

Daz er nider . . . .
Backenstosz und . . . . .
Brachten rä . . . . . .
Daz er sich g . . . .
630 Al die löck d . . . .
Zarten si im . . . . . .
Und stiessen . . . .
Also dick . . . .
Daz im de . . . .
635 Si begieng . . . .
Iederman . . . .
Den nächs . . . . . .
Also gross . . . .
Niemer . . . .
640 Beschach . . . .
Von so . . . .
Gelobo . . . .
Der da . . . .
Ez wer . . . .
645 Sölic . . . .
Daz . . . .
Susz . . . .
D . . . .
. . . .
650 . . . .
. . . .
. . . .
Der gebot von husz ze husz   CCXLII 1ᵃ
Den lüten allen her uz
655 Balde mit der harnäsch.
Do waz Conrat Plodertäsch
Der erst, der da verwaffet wart.
Rostig waz sin bellenbart;

626 (viel?)   627 vn: n *nicht mehr zu sehen*   631 jn: jm?
633 *ohne Initiale; am Rande* a   636 Yedar mö?   639 *Nach*
Niemer *Anfang eines* m?   636 Yedar mö?   639 *Nach*
Niemer *Anfang eines* m?   640 Beschac   643—652 *sind
leicht aus MB. 390—399 zu ergänzen*   644 wer: r *kaum sichtbar*   646 Daz m?   648 Do?   649 A?   653 ze hüsz
655 harnasch   656 Da... ploder täsch

　　　　Ain holen stain one gluot
660　Satzt er uff für ainen isenhuot.
　　　　Ain alti wann waz sin schilt:
　　　　Sust waffet sich Rüschschilt
　　　　Und dannoch manig zier fiesz.
　　　　Mockenrüd und Bitterspiesz
665　Lüfent och hin nach:
　　　　In waz ze schaiden gach.
　　　　Gablan und rechen
　　　　Sach man vil zerbrechen.
　　　　Man must mit stangen undergan,
670　E si gemach wolten han.
　　　　Ez wart ie geschaiden so:
　　　　Ainer waz trurig, der ander fro.
　　　　Das ichs mit kurtzen worten sag:
　　　　Der da gefallen was, der lag.
675　Der geslagen waz, der hatz,
　　　　Der gan mocht, der tratz
　　　　Wider hain an sin gemach.
　　　　Wol im, daz in got ie gesach,
　　　　Der mit lieb dannen kan!
680　Von Metzen hochzit wil ich lan.

660 jsenhut　　663 zier helt *(ausgestrichen)* fiesz　　664 Mocken
rüd vñ bitter spiesz　　665 *ohne Initiale; am Rande* l v̄fent
669 vnder gan　　676 den gan.

Anmerkungen zu „Metzen hochzit"

1/2 S. ZsfdA. 50, 231. *Die Namensform* Bärschi *wird durchwegs im Texte festgehalten. Vgl.* Bärschi der bös wirt *30,* Bärschi der übel *397 und* Bärschin Schollen *542.* Metzi *erscheint nur hier, wohl dem Reime zuliebe, sonst* Metze: *im Reime auf* bletze *267, im Vokativ 36 (ebenso kosend* Metzlin *285), in den casus obliqui* Metzen. *Reime auf Nebensilben erlaubt sich der Verfasser auch sonst: s. ZsfdA. 50, 229, Anm. 2 und* Putzer: Bäsinger *27f.,* wirtin: Onsin *117f.,* mesner: her *321f.,* snupfer: briszger *431f.,* Snupfer: haller *441f. und* : smer *595f. u. a.* Bertschi im „Ring" *ist Koseform zu* Berchtold *(s. ZsfdA. 50, 251, Anm. 1): s. auch Heintze-Cascorbi unter* Berhtas. *So ist wahrscheinlich auch* Bärschi *zu verstehn.*

3f. *Zur Umstellung der beiden Zeilen vgl. MB. 3f. und denselben Fehler 451f.*

7f. *S. ZsfdA. 50, 231. Immerhin wäre 7 auch bei der Bedeutung von* bett = preces *ganz verständlich, weil* eren = *„gewähren" nicht selten ist. S. „Ring"-Ko. 1770. Dann steht* sin bett *in 7* ir bett *(Dativ) in 8 gegenüber im Sinne von „auf ihre Bitte hin".*

12 *S. die Anm. zu MB. 11. Im „Ring" kehrt die Zeile (mit und auch) 7605 wieder.*

13 bidarp: *s. ahd.* pidarpi.

14 Luogadarfruo: *s. ZsfdA. 50, 258. Die Formen der drei Texte* Luckenfruo — Luogadarfruo — Leugafruo *verraten, daß die Verfasser unsicher waren.*

17/18 *S. ZsfdA. 50, 232, Anm. 1 und 257 mit Anm. 2.*

19 Slücken: *vgl.* Schlick *in Kellers Fastnsp. 327, 25 (s. Arndt S. 74; Lexer 2, 973). S. auch Heintze-Cascorbi S. 424.*

27 Putzer *entspricht* Poppser *im MB. 25.*

28 *In Fischarts Gargantua (Ausg. von Alsleben) S. 376 sind* Goßwin *und* Moststempfel *Zuträger von Getränken. S. aber Heintze-Cascorbi u.* Gôz-. — Bäsinger: *s. ZsfdA. 50, 232, Anm. 3. Uhland denkt a. a. O. an Bösingen Bezirks Rotweil oder ein anderes Bezirks Nagold oder an Baisingen Bezirks Horb.*

32ff. *S. ZsfdA. 50, 229f., zu 34f. s. ZsfdA. 74, 71.*

45 Bärschi *als st. Dativ: wie 101; ebenso der Akk. 272; vgl.* Bärschis *70: hingegen* Bärschin *(Akk.) 37, 322 und 542. Vgl.* Pertschi *„Ring"-Ko. 9560. —* Do wart ... zu Metzen gen: *s. J. Grimm, Deutsche Rechtsaltertümer 1, 594, Anm.: „Wenn* geben *heißt* doten constituere, *hat es die Präp.* zuo *bei sich." —* gen = (ge)geben: *vgl.* genon — genomen *265.*

46f. tren *„Drohnen". S. Mhd. Wb. 3, 85^b 42ff. u. Lexer 3, 1503. Zusammengezogen aus* trenen. *Die Stelle macht den Ein-*

druck verlegener Flickerei: s. die gänzlich überflüssige Zeile 47 nach guot *46.*

48 plass *scheint Subst. zu sein: vgl. „der Blaß" Pferd, das einen weißen Streifen an der Stirne hat, BWb. 1, 330.*

51 *Die Zeile ist so wenig herzustellen wie die entsprechende im MB. 47.*

58 zimlichi ding: i *für* ü = iu *s. Weinhold, Al. Gr. § 424.*

59 men tag: *nicht nur schwäbisch (s. Kauffmann, Schwäb. Ma. S. 147* mĕdix*), sondern auch bayr., tirol. und schweiz. S. DWb. 6, 2514. Nach Fr. Fr. Kohl, Die Tiroler Bauernhochzeit S. 212 bis 268 sind Montag und Dienstag die beliebtesten Hochzeitstage, früher besonders der Dienstag.*

71—74 *Vgl. MB. 117—120. S. MB. Anm. zu 65f.* — Durst: *offenbar entstellt aus* Turs *wie auch 573 und schon MB. 120. S. ZsfdA. 50, 226, Anm. 3 und 278, Anm. 1; „Ring"-Ko. zu 9240. Dagegen s. Heintze-Cascorbi s. 178* Durst = „ein Waghalsiger", *wo* Heinricus dictus Turst *Ende des 13. Jh.s (alem.) erwähnt ist. S. Koberne, Familiennamen von Burkheim S. 62 (mit Hinweis auf Socin, Mhd. Namenbuch 445).*

75 Kiliantz: *s. 374 und 418.*

77f. *Umgestellt gegenüber MB. 69/70. S. ZsfdA. 50, 256, Anm. 2.*

80 schopftach: *s. BWb. 2, 440* Schopfdächlein = „Vordach."

81 Fellebruoch: *395* Vollebruoch. *Im „Ring" wird daraus* Völlipruoch *2643 (s. auch 5511).*

83 Geri: *s. ZsfdA. 50, 255 und Anm. 1. —* des pfiffers säligen „*des verstorbenen Pfeifers". S. Mhd. Wb. 2, 2, 39*ᵃ*; 44ff. Die Stellung des Adjektivs hinter dem Subst. ist dabei fest. S. Suchenwirt, 5. Gedicht, Überschrift* Von hertzog Albrecht säligen.

84 Maier Hug: *s. 572.*

85 Hüsz: *vgl. das Adj.* hiuzo „*munter, frech."*

88 Bentz: *s. 333 und 410 und zu MB. 123.*

89 Girstibrot *(vgl.* Gerstenbrot *Lexer 1, 887) aus* girstîn brot: *vgl.* kirnîn brôt *in* Kirninprot *MB. 373. S. ZsfdA. 50, 234, Anm. 3. — S.* Backenstosz *und* Kirninbrot *207 und* Backenstosz *627.*

90 Hungerstot: *s. „Ring"-Ko. 1129. —* Sellosz = sêlelôs *Lexer 2, 864?*

91 Röchli: *vielleicht darf auf Fastnsp. 366, 9* ir pauren und ir röchlinc *verwiesen werden, das Lexer 2, 479 mit* rohen, rücheln *zusammenbringt.*

92 Birenstil: *vgl.* Pirenstengel *MB. 399. —* Göchli: *mhd.* göuchelîn?

93 Rumpf: *s. zu MB. 75. —* Ochsenkopf: *s. ZsfdA. 50, 258 und „Ring"-Ko. 3619.*

94 Judenzopf: *s. DWb. 4, 2, 2359 „Weichselzopf" Frisch 1, 493*ᵃ.

95 Swinfrässe: *der Reim fordert mhd.* swînvraeze, *was lexikalisch nicht festzulegen ist.*

96 resse = *mhd.* raeze.

97 hün = *mhd.* Hiune?
101 sippe: *Adj. („verwandt").*
102 Triefnas: „*Triefnase". S. ZsfdA. 50, 251 und Anm. 2 und „Ring"-Ko. 62.*
103 *Unter den Gästen, die den Spielmann beschenken, wird* 431 Regenscher der snupfer *genannt, also vielleicht dieselbe Person wie* Rogenher der snupfer.*442 und 459 ist ein* Wälti snupfer *genannt, ebenso 516, 531, 535 u. 595. Zur Deutung vgl.* 461 er ... snupfet ungefuog „*schnaufte"; s. DWb. 9, 1389, 1 und die Anm. zu MB. 25f.*
104 Frick: *s. die Anm. zu MB. 385. —* zigersupfer: *s. Lezer 3, 1110 „Topfenschlürfer".*
105 Knoll: *s. MB. 123 und Anm.*
106 Troll: *s. MB. 267 und „Ring"-Ko. 123. —* Kib *erklärt* Arndt *S. 71, Anm. 2 als „Zänker". S. Lezer 1, 1578.*
107 Jos = Jodocus. *S. BWb. 1, 1211.*
111 Dunckinhaffen = „*Tunke in den Hafen". —* Brockangrosz: *s. MB. 197f.*
112 Wächtinger: *deutet wie* Bäsinger *28 auf einen Ortsnamen.*
114 Rüsz *im Reime auf* -hiuze *wie 572, auf* rambiuzen *470* (maier Rüssen). *564 steht* Rüsz: müsz (müez?).
116 Widmer: *s. Lezer 3, 822 „Inhaber eines* widemen" *u. Heintze-Cascorbi s. v. S. MB. 74.*
119 Häberling: *Lezer 1, 1200 verzeichnet aus Schöpfs Tirol. Idiotikon 229 (a. 1499)* dass die vischer ainander beschauen, damit nit häberling tolben gefangen werden *und das DWb. 4, 2, 732* iezundt ist man nur zuvil witzig und ist doch selbige witz mit aim rohen heberling versigelt. *Zimm. Chron. 1, 460, 34. Beide Stellen bedürfen der Aufklärung.*
120 Wallebot: *s. Lezer 3, 658* waltbote.
121 Rochloch = *mhd.* rouchloch *Lezer 2, 514.*
122 Egloff *aus* Agilulf, Egelolf: *s. Neidh. 44, 9* an Egelolve. *Heintze-Cascorbi 110.*
123 dishalb baches: *vgl. MB. 71.*
124. Wächel *ist im BWb. 2, 833 als Bezeichnung eines plumpen Menschen vermerkt. —* Schlaches *verzeichnet Birlinger 396 (s. BWb. 2, 504 unter* Schlack*) als „schlampig gekleideter Mensch."*
125 der funden = „*Findling".*
126 Lütold „*Leuthold": s. 517 und 553. Er entspricht* Leutsolt *im MB.*
127 Üli foll *der Handschrift: vielleicht* Üeli *zu* Uodalrich, Ulrich *und* foll = „*trunken"?*
128 Stol: *wie MB. 75. —* der verlorn: *vielleicht als Gegenstück zu* der funden *125.* Rüsch *ist kaum mit dem* maier Rüsz *in derselben Namensliste zusammenzubringen.*
131ff. *S. zu MB. 81f.* gelte *ist ein „Gefäß für Flüssigkeiten" (Lexer 1, 826),* fiertailig *bezieht sich auf das Maß: s.* vierteil *bei Lexer 3, 342 und unten 265 für* ain fiertail rüben. *Hirse wird in der Tat 149 in Kübeln aufgetragen. Der Sinn der Stelle entspricht*

dem knappen Ausdruck im MB.: „der im Essen seinen Mann stellte."

137 des torffes nefen: *vgl. Neidh. XLI, 8* des dorfes neve. *Die mhd. Wörterbücher belegen diese Verwendung nicht.*

140 wie ez gie = *„wie es zuging."*

146 unküwes: *s. zu MB. 137 f.*

147 ff. *S. zu MB. 143 ff.*

150 slickt: *der Zusammenhang verlangt die Bedeutung „lecken, schlecken": dieselbe Bedeutung liegt im „Ring" 6046 vor:* die finger stiess er in den mund und schlikts ab, *wie die Hs. bietet; vielleicht wäre* schlikets *festzuhalten.*

154 ze essent: *s. ZsfdA. 50, 245, Anm. 2.*

155 androst: *ebenso 161. Die mhd. Wbb. bieten wenige Belege für* andrest *„zum zweiten Male".*

158 *Eine verbreitete Redensart: s.* wie zimt einem biderben man, daz ime diu zunge hinket von wine ? *Walther 29, 36 f. S. Wilmanns z. St., Apollonius (Singer) 3727 f.* si wurden also truncken, das in di zungen huncken, *Renner 10218* ich trunke e, daz mir diu zunge hunke, *Niewöhner, Neues Gesamtabenteuer 1, Nr. 22, 100* si ... hiez den wirt ouch trinken, daz im diu zung wart hinken *und Nr. 37, 347 f.* vil dicke si getrinket, daz ir diu zunge hinket; *GA. von der Hagens Nr. 50, 7 f.* do si des so vil getrunken, daz in die zungen hunken; *Keller, Erz. aus altd. Hss. 670, 15* der fünft hueb uf und trank, wie sere im die zunge hank *und 684, 33* darzue daz überig trinken macht dem volk die zungen hinken; *Laßbergs Liedersaal 2, 169, 9 f.* Dez selben winez sy truncken, das in die zungen huncken; *Aristotilis heimlichkeit (Toischer) 855 f.* laz die andern trinken, daz in die zungen hinken; *Mondsee-Wiener Liederhs. (Mayer u. Rietsch), Anhang S. 513, 47 ff.* vast so well wir trincken, das hincken dy czungen; *J. Haupt, Über das md. Arzneibuch des Meisters Bartholomaeus S. 94 (542)* Dem dew zung hinkhet, daz er nicht wol gereden mag, der trinkh *usw. Hans Rosenplüt, Weingrüße bei H. Maschek, Lyrik des Spätmas. S. 223 Nr. 5, 19 (du)* machst, das im sein zungen hinckt, wenn er zů offt für sein gesellen trinckt; *der Mönch von Salzburg ebda. S. 69, 3* trincken, das hincken di zungen. *S. Lexer 1, 1299 und DWb. 4, 2, 1445, 2 a; ZsfdA. 50, 267 f. und Anm. 2.*

160 quertig *„ein Viertel enthaltend". Weitere Belege sind nicht verzeichnet. S. zu 131 ff.*

163 der süri nach tranck = *„vom säuerlichen Geschmacke verlockt weitertrank". Vgl.* umb die seuri was ir gach *Ring 5864 und die Anm. z. St. Erst im folgenden wird klar, daß man Wein trinkt. S. 212. Ebenso beim Hochzeitsmahle am folgenden Tage. S. 364.*

166 erstencket: *in eigentlicher Bedeutung Ring 2020; hier aber übertragen wie etwa* beschizen; *s. die Zitate aus des Teufels Netz bei Lexer s. v. Über die Rolle des Spielmanns in beiden Fassungen des Bauernhochzeitsgedichts s. ZsfdA. 50, 253, Anm. 2.*

169/70 *S. a. a. O. S. 254 und Anm. 1; auch ZsfdA. 74, 65 f.*

176 *qualle*: *s. Mhd. Wb. 1, 891^b, 33 ff. und Lexer 2, 314. Die Bedeutung ergibt sich aus Liedersaal 3, 328, 64* grôz liute heizent quallen.
183 *Vgl. 151.*
189 **Ainkainer**: *s. Mhd. Wb. 1, 422^a, 30 ff. u. Lexer 2, 48.*
194 *S. oben 152 f. Im Ausdruck vgl. MB. 147.* — ze guoter maaz *mit leichter Ironie „gehörig".*
197 **brutmuos**: *s. Mhd. Wb. 2, 1, 240^b, 33 ff. „Gemeint ist wohl die „Brautsuppe", die man an manchen Orten am Tage nach der Hochzeit den Gästen ins Haus zu senden pflegte. Vgl. Frisch 1, 129." S. 222.* — *gebraten: die Bratwürste (s. 214, 217, 219, 223 und 225).*
198 *S. unten 214.*
201 *S. ZsfdA. 50, 258, Anm. 1.*
208 durch bocks tod: *s. „Ring"-Ko. 1457.*
209 *S. a. a. O. 573: „Wir haben einen Fehler begangen."*
210 **bärlich** = *„offenbar."*
222 uz käm = *„ausginge, zu Ende wäre." Sie fürchteten, mit dem Mus nicht vor dem Abräumen der Tafel fertig zu werden und so um einen Teil der Würste zu kommen.*
232 Der hindrost = der letzt *MB. 202*
233 *S. ZsfdA. 50, 236, Anm. 1.*
235 hat : sat *als Prät., ebenso: trat 457 und hatz : tratz 675. Als Konj. Prät. erscheint 264* hette : ze bette. *Das Zeileninnere zeigt* hetten *(138, 183, 193) neben* hatten *(143).*
237 lepten in dem sus: *eine geläufige Redewendung: s. Mhd. Wb. 2, 2, 759^a, 29 ff., Lexer 2, 1327 und DWb. 8, 1926.*
239 *S. zu MB. 213. Mit* man nam uff *vgl. 371* do ... man ... dannen nam; *die volle Phrase steht 243* bisz man den tisch uff nam.
240 ungeträpfser *versteht der Ansatz unter* trapf *im Mhd. Wb. 3, 84^a, 2 ff. als* ungeträpfisch *(darnach Lexer 3, 1497 unter* trapf); *eine Erklärung des sonst unbelegten Ausdrucks läßt sich nicht gewinnen.*
242 verhuob = *„hielt zu". S. MB. 216.*
246 strum: *s. Kauffmann, Gesch. der schwäb. Mundart S. 94; auch W. Wilmanns, Deutsche Gr. I § 235.*
248 erloffen = *mhd.* erlaffen *„erschöpft". S. Mhd. Wb. 1, 928^a, 7 ff. und Lexer 1, 647; MB. 208* überlaffen; du bist gar erlaffen *Virg 320, 10.*
250 stiesse: *st. Prät. mit Zusatz von* e *(nach dem schw.): s. Weinhold, Mhd. Gr.² § 374.*
257/58 *Der Reim* genennen : dannen *ist im Reimbilde von M. Hz. so ungewöhnlich, daß man an eine Änderung in* genennan : dannan denken möchte.
264 ff. *Der Sinn ist: der Bräutigam hätte viel dafür gegeben, wenn die Hochzeitsgäste nicht ins Brautgemach gekommen wären, was eben die Sitte mit sich brachte; sie verließen es offenbar erst, nachdem das Brautpaar zu Bette gebracht war. S. K. Weinhold, Die deutschen Frauen in dem Mittelalter² 1, 383 ff. Dabei erlaubt*

*sich Bärschi schon eine derbe Vertraulichkeit, die nicht weniger
grob zurückgewiesen wird.* — Für ain fiertail rüben „*lieber als
ein Viertel Rüben*": *s.* oben zu *131ff. Über die Verspottung der
Bauern als Rübenfresser s.* „*Ring*"-*Ko. 142.*

268 bletze: *s. ZsfdA. 50, 256 und Anm. 1; auch* „*Ring*"-*Ko.
1568; Ausg. S. 333 zu 1592.*

273 *Merkwürdig ist die Verwendung des verächtlichen Ausdrucks für den außerehelichen Beischlaf von der Liebesvereinigung
eines jungen Ehepaares, als das Bärschi und Metz doch schon
anzusehen sind, wenn auch die kirchliche Einsegnung erst am
folgenden Tage stattfindet. S. Mhd. Wb. 1, 730ª, 24f. Lexer verweist 1, 1392 auf Heinrich von Melk, Priesterleben 513* swer ...
in der huorer zeche sin leben wil richten, *wo der eheliche Beischlaf gemeint ist, und Heinzel vermerkt dazu Hartmann, Vom
Glauben 2492, wo auch* hure *für den ehelichen Beischlaf gebraucht
wird.*

276 spiltent ebenwette: „*so daß keines dem andern etwas
schuldig blieb.*" *S. Mhd. Wb. 3, 776ª, 34ff. und Lexer 1, 505.*

281 stadelwise: *eigentlich eine Melodie, nach der im Stadel
getanzt wird. S. Mhd. Wb. 3, 757ª, 7ff.; hier natürlich obszön zu
verstehn. S. auch Weinhold, Die deutsch. Frauen³ 2, 153.*

283 granet und grain: *s. ZsfdA. 50, 255 und Anm. 3.*

291f. „*nicht länger die* ... *Nacht überlassen wollte.*" sallen
müßte, wenn richtig überliefert, so viel wie selben *sein.*

293 *Über diese Sitte s.* „*Ring*"-*Ko. 7058ff.*

296 morgengab: *s.* „*Ring*"-*Ko. 7134ff* — überlut = „*öffentlich, vor allen*".

297 muoterswin *verzeichnen die beiden mhd. Wbb. als Neutrum; hier ist es als Fem. gedacht (s.* dü *298), offenbar unter dem
Einfluß von* muoter.

298f. *Der Zusatz, den die beliebte Reimformel* schön: hön
*nahelegte, soll wohl die Wildheit der Saumutter schildern und
nicht etwa einen ironischen Widerruf von 297 bedeuten.*

301 zwerchspfiffe „*Querpfeife*": zwerchs- *ist das Adv.* twerhes.
Sonst unbezeugt.

303 grogiert: *mhd.* kroijieren.

312 Der grawe ... Colman: *s. ZsfdA. 50, 257.*

313 Diem *ist vielleicht Kurzform zum bekannten Frauennamen* Diemuot, Lügart = Liutgart..

314 *Den beiden Brautjungfern war die Hochzeit leid, weil sie
damit doch ihre Gespielin verloren.*

317 Do man gesang „*als man zur Messe gesungen hatte.*"
Mit do ... alz ergie *tut der Dichter die kirchlichen Feierlichkeiten
summarisch ab.*

320 *Über* pätz *s. Mhd. Wb. 2, 1, 457ª, 36ff. Vgl. Fr. Fr. Kohl,
Die Tiroler Bauernhochzeit S. 218 (Völs am Schlern):* „*Unmittelbar nach Schluß des Amtes findet auch das sogen.* „*Unter
das Buch gehen*" *statt, ein alter Brauch, der in Tirol nur mehr da
und dort geübt wird; er besteht darin, daß der Priester den Brautleuten das Bild des Gekreuzigten, das im Meßbuche vor dem*

„Canon" abgebildet ist, zum Kusse darbietet." S. auch J. Huizinga, Herbst des Mittelalters (Alfred Kröner, Stuttgart) S. 60f. Das Buch, das ihr der Mesner bietet, ist eben das Meßbuch.

333 Bentz: s. zu MB. 123. — Genshirter: zur Form hirter s. Lexer 1, 1264.

334 Hindenbitter: vgl. Ring 2770 er feist so bitter.

335 Engelhart: s. 438.

336 Isenhart: s. Lexer 1, 1456. — Moroch: vgl. das Appellativ moroch = „Möhre". Lexer 1, 2202.

337 Irmengart zeigt wohl an, daß mit dieser Zeile die Frauengruppe eingesetzt hat. — Hill: vielleicht Kurzform zu Hilde. S. Arndt S. 55.

338 Grett: auch im Fastnsp. (s. Arndt S. 25).

339 Beli: s. Bele Arndt S. 20 und Neidh. 37, 5 in C, vrou Bele XIX, 15: s. XXI, 1.

340 Gisel: bei Neidh. an mehreren Stellen; s. Register.

344 har = her bei Laßberg ist Konjektur: dar der Hs. liefert mit dem dar von 343 einen (anstößigen) rührenden Reim.

347 gersten: befremdlich in diesem Zusammenhange; aber es ist wohl „geriebene Gerste" gemeint. S. BWb. 1, 937f. — schübeling „Bratwürste" (wie beim ersten Schmaus): s. a. a. O. 2, 361 und Lexer 2, 808.

348 „Das sparte der Bräutigam nicht."

353 erten „erwiesen ihm Ehre": indem sie nämlich seinen Gerichten tüchtig zusprachen.

355 S. ZsfdA. 50, 268 und „Ring"-Ko. 5865ff.

356ff. Die Vorsichtigen gürteten sich vor dem Schmause locker und fraßen dann darauf los (aussen ... fürsich an: s. „Ring"-Ko. a. a. O.), bis ihnen der Gürtel recht saß.

357 wisz und cluog: s. „Ring"-Ko. 3709.

364 S. Ring 6271.

365 durch not: d. h. sie hatten alle Ursache.

367 dorfftracht: Speisen, die auf dem Dorfe üblich sind. Der Ausdruck ist beiden mhd. Wbb. n entgangen.

370 S. „Ring"-Ko. 2406.

376 Die Hs. hat ir: d. h. der Braut. In dem undeutlichen gobotend ist wohl mhd. gâben für das Überreichen der Hochzeitsgeschenke zu erkennen, schwäbisch gôbe (s. „Ring"-Ko. 5569), das 383 erscheint. Die beiden Vertrauensmänner haben die Aufgabe, die Geschenke an die Braut entgegenzunehmen. S. 401ff.

380 bettbrett: s. zu MB. 227. Das Stroh lag auf Bettbrettern. S. Weinhold, Die d. Fr. i. d. Ma. 2, 108.

382 von haimen: s. Lexer 1, 1219.

384 bekümbert lüt: s. 399f. und ZsfdA. 50, 238.

389 ainen wirten: s. Ring 5507 und ZsfdA. 50, 265, Anm. 2.

390 ain girten: Lexer 1, 1021f. belegt aus dem Frankfurt. Baumeisterbuch v. 1437 girte = „Band, Gürtel".

392 „Der ließ es sich geziemenderweise etwas kosten."

395ff. S. ZsfdA. 50, 264f. und Ring 2643. Im MB. 236 ist Metzen Dativ: der Bearbeiter zieht Mätzi als Nom. zu Vollebruoch *und muß daher in der folgenden Zeile der* brüt *einschalten.*

399 doch daz = „*obgleich*“.

409—417 *S. ZsfdA. 50, 239, Anm.;* „*Ring*“-*Ko. 5355ff.* sin jupen: *hier als Fem. im Gegensatz zum MB. 241.* — Bentz der Orhan: *s. 540 und 562. MB. 339.* — *Zu 412 s. ZsfdA. 50, 238, Anm. 2 (S. 239), zu 417 Ring 5358 (ZsfdA. 50, 262).* — *Der Stelle 412—417 (wie der entsprechenden im MB.) auffallend ähnlich ist die im Fastnachtspiel* Der ist Hannentanz *(bei Keller Nr. 67, S. 584, 5ff.), die an den Spielmann gerichtet ist (wie die in* D, *während der Wortlaut eher an HS erinnert):* So gib ich dir mein wammes zwar; wann es ist noch kaum zehen jar, das ich es neu an lait. Sih, wie ist es noch so gemait, wann das es nit gut ermel hat, forn darein auch neur ain loch gat; süst ist es umb und umb nit gar ganz *(streiche* nit ?*).*

423 fier nüwer prisger *und* **432** zwen alt briszger: *s. ZsfdA. 74, 65f. Darnach ist MHz. im rechtsrheinischen Alemannien, diesseits des Schwarzwaldes, in der ersten Hälfte des 14. Jh.s entstanden.*

425 hantel *wird im Mhd. Wb. 3, 158*ᵃ*, 16f. als verkürzt aus* hanttwehele *erklärt. S. auch Lexer 1, 1179.*

431 *S. oben zu 103.*

433 Wiech: *s. ZsfdA. 50, 264 und Anm. 1. Ein Appellativ* wiech *bezeugen die mhd. Wbb.*

436 in *ist Fehler von D gegenüber HS: s. ZsfdA. 50, 239, Anm. (2 von S. 238).*

439 Rüsch: *kaum identisch mit dem öfters genannten* Rüsz; *s. zu 114.* — dorfknecht: *s. Lexer 1, 450 u.* dorfknab *MB. 214.*

449 uf letzen füssen „*auf schlechten Füßen*“: *kaum, weil er etwa wegen Trunkenheit unsicher auf den Füßen ist; vielmehr ist mit Rücksicht auf die folgende Zeile an einen Fußdefekt zu denken. Vgl. BWb. 1, 1547* a'n letz'n Fuos habm. *Vgl.* letvüezer *und* letvüezic *bei Lexer 1, 1890.*

451f. *Die Umstellung der beiden Zeilen nach MB. 276f.*

458 *Mit* er der Hs. *könnte nur der Spielmann gemeint sein, so daß* Walther *als Dativ zu fassen wäre. Der Zusammenhang nötigt jedoch,* W. *als Subjekt zu nehmen und* er *zu streichen;* W. *eröffnet mit der Braut den Tanz als Vorspringer, was schon* 444 *angedeutet war; auch bezieht sich* snupfet 461 *natürlich auf seinen Zunamen* Snupfer: *Lexer 2, 1046 (*„*schnaufen*“*).*

460 vientlich „*heftig*“: *s. Lexer 3, 338 und* „*Ring*“-*Ko. 6955.*

463 schoppen: *der Reim fordert die Form* schappen: *s. Lexer 2, 661 und ZsfdA. 50, 271.*

468 bösz: *d. h.* „*zerrissen*“.

469 buhieren *vermerkt Lexer in den Nachtr. 110 mit Hinweis auf Wolfd. D IX 199 (DHB. IV, 2) und 177, 3 u. Anm. 195, 207. Es ist gleich* buhurdieren. buhurt *erscheint Wolfd. D IX 203 als* buhier. bohieren *Roseng. H. 2407.* — rambüssen: *s. Mhd. Wb. 2, 1, 552*ᵇ*, 11ff. Beide Verben bezeichnen das wilde Umherspringen beim Tanze, wie die Mhd. Wbb. annehmen. Ob* rambiuzen *oder* rambüezen *anzusetzen ist, erscheint nach Anm. 114 fraglich.*

471—515 *Über die Lücke in der Hamdschrift s. ZsfdA.* 50, 240. *Der Inhalt der verlorenen Zeilen ist aus dem MB. leicht zu entnehmen.*

476 *Ein Vergleich?*

477 *Berufung auf Augenzeugenschaft?*

484 hützen: *s. Ring 1091* hotzen *und Ko. z. St.; Lexer 1, 1410.*

490 *S. ZsfdA. 50, 240, Anm. 1.*

493ff. *Vgl. Ring 6225ff. und ZsfdA. 50, 271f.*

518 *Die Zeile ist kaum richtig überliefert;* wundenstraich *ist nicht belegt, scheint aber zu bedeuten „Streich, der eine Wunde hinterläßt";* saten: *Lütolden ist jedenfalls entstellt; ich weiß nur mit solhen abzuhelfen.*

522 *Das Prät.* hanget, *das im Mhd. spärlich nachgewiesen ist, erscheint 597 im Reime* (: erlanget, *Prät.).*

524 *Die Imperativform* helffa *verdient bemerkt zu werden.*

531f. *S. ZsfdA. 50, 241, Anm.: der Übeltäter nimmt gegenüber dem neu Hinzukommenden herausfordernd dem Verletzten das Wort aus dem Munde.* — unlogenber: *s. Lexer 2, 1909.*

533 röften: *von* roufen; *zur Verbindung mit* dü swert *s. Lexer 2, 515. Die Bauern beider Fassungen des Gedichtes von der Bauernhochzeit tragen demnach Schwerter und Spieße wie die Neidharts und seiner Schule.*

534. Videlger *ist wohl in* Uodelger *zu bessern, das bei Neidh. 64, 33 und sonst (s. Lexer 2, 1997) vorkommt;* Güdelwert *zeigt im ersten Bestandteil* giudel *(„Verschwender").*

550f. Ruodi *ist nach 106 Taufname* Trolls, *kann somit nicht Subjekt des Satzes sein. Im Hinblick auf MB. 349 ist nach* frevenlich *Ausfall von* er *anzunehmen.*

553f. slügt *ist 2. Sing. Prät.: s. Weinhold, Alem.Gr. S. 342.—*

554 höhnisch: *„Schau, wie es dir paßt!"*

555 gehielt *offenbar fehlerhaft für* gehiesz *in MB. 352.*

556 ainer: *man erwartet* siner; *vgl. MB. 353* die.

558 hirnschedel *(im Gegensatz zum Gesichtsschädel: s. DWb. 4, 2, 1561) =* hirnschal *MB. 355. —* waich = *„nachgab".*

559—561 *Der Meier* Orhan *und sein Genosse treten als Parteigänger des eben erschlagenen* Troll *gegen* Erkenbold *auf: auf diesen bezieht sich* er *563. Dem Reime* müsz: Rüsz *ist kaum beizukommen. S. oben zu 114. Der Vokalismus einer Form von* müezen *ist mit dem des Namens nicht in Einklang zu bringen.*

566 ain last = *„eine Menge".*

568f. *Im Mhd. Wb. 1, 760ᵃ, 36 wird* geil *von alter* atzung *konstruiert, was keinen Sinn liefert. Lexer, Nachtr. 36 vermerkt, daß* atzunge *manchmal die Bedeutung „Zwietracht, Streit" aufweist, ohne eine Erklärung zu versuchen. Wenn man diese Stelle in derselben Bedeutung verstehn darf, wäre „infolge alter Feindschaft" zu umschreiben. Weitere Schwierigkeiten macht* ir ettwen manger gail, *was sich eher als* ir manger ettwen gail *begreifen ließe („mancher von ihnen, der vormals fröhlich war").*

572—74 *Die Namen dieses Nachschubes holt der Bearbeiter teils aus dem MB. (so Eberswin und Isengrin), teils aus früheren Stellen (wie* maiger Hug *84,* maier Rüsz *114 und* Peter Durst *74).* Butz *begegnet auch im Fastnachtspiel (s. Arndt S. 53).*
576 Grösz: *s. MB. 365.*
578 *S. ZsfdA. 50, 241, Anm. 1.*
579 tättschott: *s. ZsfdA. 50, 274, Anm. 3 und* „Ring"*-Ko. 6530, auch ZsfdA. 74, 68 f. Zu den dort angeführten Nachweisen für* tatschen = „*sich unter klatschendem Geräusche fortbewegen' s. noch Kolbenheyers Paracelsus (Volksausgabe) S. 66* Theophrast . . . tatschte über die Regenstraße hin".
587 *D. h.* „Als ginge es um das Leben."
597 uzhanget „*heraushing*"; *s. zu 522.*
598 f. „*Aber* Haintz, *der jene* (Grim *und* Welti Snupfor) *erreichte (und schwer verletzte), der mußte da gelegentlich sein Leben lassen."*
600 bettlertanz: *s. Lexer, Nachtr. 75 und DWb. 1, 1732 f.* „*Streit, Hader und Prügelei, womit ein Tanz und Gelag der Bettler zu enden pflegt*"; *auch 1737.* krösz *muß diesem Ausdruck in der Bedeutung sehr nahe stehn. Hans Sachs verbindet* Du hast mich ye wol plagt und kröst *(s. BWb. 1, 1382): s.* krosen *Stalder 2, 134 f. und DWb. 5, 2409 f. Vielleicht hängt das Subst. mit diesem Verb zusammen.*
601 *Euphemistisch* „kostete manchem das Leben."
602—604 *S. ZsfdA. 50, 241, Anm. 1. Er: nämlich der* bettlertantz. — buost (den) huosten: *s. Neidh. 50, 21 und die Anm. In Kellers Fastnsp. 701, 28 ff. sagt der Freier in Hinblick auf die ihm angetragene Witwe:* Mir würn di kifererbeis über jar zeitig *(Impotenz umschreibend), wann ich dir nit künd püßen dein heschen. Mein flegel sol nit in deiner scheurn treschen.*
605—652. *Über die Lücke in der Handschrift s. ZsfdA. 50, 241/42 und Anm. 1 (S. 242).*
613/14 *S. ZsfdA. 50, 275, Anm. 1 und Ring 6537.*
655 harnäsch: *als Fem. im Mhd. sonst nicht bezeugt.*
656 Plodertäsch: *der älteste Nachweis des Ausdrucks, der einzige im Mhd..: Lexer 3, 388 verweist auf das gleichbedeutende* vlattertasche, *das Fundgr. 2, 298 im Mhd. Wb. 3, 17ª, 36 ff. verzeichnet ist. S. ZsfdA. 50, 243, Anm. (oben). Die Verszeile entpuppt sich als ungeschickter Einschub.*
659 *Die Verszeile scheint infolge Entstellung gegenüber MB. 404 sinnlos zu sein.*
662 Rüschschilt *deutete E. Schroeder ZsfdA. 50, 243, Anm. als* Rücke(n)schilt: *ein solches Kompositum ist im Mhd. unbezeugt und unwahrscheinlich. Das DWb. 8, 1365 bietet einen Nachweis (Nemnich 2, 1433) vom* Rückenschild *einer Schildkröte, also in ganz besonderer Gebrauchsweise. Der rührende Reim mit 661 gibt ebenso zu denken wie die Gestalt des Namens im MB. 407. Zu 661 s. ZsfdA. 50, 253 und Zappert, Badewesen S. 11:* „Die Form der Badekufen . . . war . . . eine kreisförmige." *Anm. 26: Über* Badtschild, *wodurch in Weistümern zuweilen die*

Badewanne bezeichnet wird, s. J. Grimm, Rechtsaltertümer 1, p. 81." S. ferner Mhd. Wb. 1, 130ª, 40 ff. und DWb. 1, 1074.

663 S. ZsfdA. 50, 243, Anm.

664 Mockenrüd = mocke *(Sau)* + rüde. — Bitter-spiesz: vgl. Konrad von Würzburg, Turnei von Nantheiz 809 von swerten bitter.

667ff. S. ZsfdA. 50, 257 f.

669f. *MB. 410 erwähnt auch* stangen: *der Bearbeiter widmet ihnen ein eigenes Zeilenpaar.*

672 Vgl. CCXXIV, 36 Ainer ist trurig, der ander fro.

674—677 S. ,,Ring"-Ko. 9413f.

678f. *Der Sinn entspricht MB. 414f.* Daz in got ie gesach = ,,segnete, beglückte". S. Mhd. Wb. 1, 555ª, 34 ff., 277ᵇ, 32 ff. und Lexer 1, 1052.

680 *Mit* Metzen hochzit *gibt der Bearbeiter in der Schlußzeile in herkömmlicher Weise den Titel seines Gedichts. Von hier nahm ihn Laßberg in seiner Ausgabe. Zur Form verweist August Hartmann, Hans Hesellohers Lieder 4, 126/27 auf Neidh. 60, 8* hie mit sule wir die rede lazen.

Anhang

Die obigen Ausgaben von *Meier Betz* und *Metzen hochzit* beruhen auf eigenen Abschriften aus den Handschriften H (Liederbuch der Klara Hätzlerin), S (Stuttgarter cod. poet. 4° Nr. 69) und D (Hs. Nr. 104 der Fürstenbergischen Hofbibl. in Donaueschingen). S. über diese Hss. Zeitschr. für deutsches Altertum und deutsche Literatur 50 (1908), 225/26. Über das Verhältnis der beiden Hss. des *Meier Betz* (H und S) s. S. 226 und Anm. 3. Von Fehlern in S gegenüber H seien folgende erwähnt: 5 *anweg*, 13 *biderwerleut*, 14 *Burckheit*, 21 *bayer*, 39 *war*, 54 *zimlicher*, 73 *zeg*, 100 *Vnd*, 108 *rüfften*, 112 *Vor*, 127 *schlinden speisz*, 137 *trucken*, 138 *versluckenn*, 139 *gondes*, 154 *manchen*, 165 *lega ein prott*, 166 *seim vater trinckenn patt*, 171 *hie*, 178 *ze* fehlt, 180 ʰᵃᵇ, 183 *wurt*, 201 *Nam* fehlt, 205 *Den*, 207 *Sie*, 211 *kolehauff*, 292 *da entzway*, 310 *gib*, 312 *stosz*, 316 *hinder den andern her*, 335 *zulauffen*, 351 *lig* fehlt, 373 *In*, 378 *kam einer her*, 405 *er auff für*, 411 *sag* und 412 *So wurden*. In all diesen und andern Fällen bewahrt H den echten Text, in manchen andern aber bietet ihn zweifellos S, wie schon a. a. O. an Hand einiger Lesarten gezeigt wurde. S. ferner 72 *Valtrer*, 201 *in sich* und 335 *flüchticlich* in H. Da weder H auf S noch S auf H beruht, H aber den besseren und sorgfältigeren Text enthält, hat der Herstellung des ursprünglichen Textes H die Grundlage zu bilden, S aber ist vorsichtig heranzuziehen. Die Vorlage von H S scheint auch schon fehlerhaft gewesen zu sein, wie hin und wieder aus gemeinsamen Verstößen beider Hss. hervorgeht: s. 18 *hofschlecken*, 26 *Völklin der schnaufer*, 47 die ganze Zeile, 57 *wa*, wo auch D dieselbe Lesart hat, somit ein Fehler der gesamten Überlieferung vorliegen müßte, 64 *was es wit*, 120 *Pirendurst*, 281 *pfiff*, 337 *und* 348 *Elckenpolt*, 339 *und* 357 *Archan*, 348 *pracht*, 349 *Owe*, 376 *Wann* und 404 *gehöret*. In 217—219 erregt der einzige Dreireim des Schwankes Bedenken.

Der Druck des *Meier Betz*, von dem wir durch Meusebachs Brief an Laßberg vom 15. Juni 1827 Kunde haben, bot dieselbe Textgestalt wie H: *s. ZsfdA.* 50, 230f. Anm. 1. Er umfaßte nach Meusebachs Angaben 8 Blätter in Quart, ohne Ort und Jahr, und bot unter dem Titel einen schönen großen Holzschnitt, auf dem die Hochzeitsbauern mit Waffen aller Art im Streite begriffen waren. Auf der Berliner Bibl. war er nicht zu finden. C. Wendeler, Briefwechsel des Freiherrn Karl Hartwig Gregor von Meusebach mit Jakob und Wilhelm Grimm 1880, S. 341 zu Nr. 43, S. 79 meint, M. habe den Druck vielleicht aus einer Privatbibliothek entlehnt. „Daß

M. jahrelang dgl. bei sich in Verwahrung nahm, oft nur, damit kein anderer die Benutzung hatte, ist bekannt. S. Fischartstudien S. 28 ff. und 131 Anm."

Das Prager Liederbuch der Kopistin Klara Hätzler ist, wie ihre Unterschrift am Ende der Hs. bezeugt, 1471 in Augsburg abgeschlossen worden: s. die Ausgabe von Karl Haltaus S. IX und 112 und Karl Geuther, Studien zum Liederbuch der Klara Hätzlerin 1899, S. 3 ff, bes. 23/24. Der Stuttgarter cod. poet. 4° Nr. 69 aus dem 15. Jh. enthält den *Meier Betz* eingebettet zwischen dem Gedicht von der *Grasmetze* und dem „Nackten Bild" Elbelins von Eselberg: im Lb. der Hätzlerin folgen ihm die beiden Gedichte als Nr. 68 und 72. Über die Stuttgarter Hs. kann ich nur auf Graff, Diut. II, 109 ff. und Keller-Sievers, Altd. Hss. Nr. 83 verweisen.

Der Liedersaalcodex (Papierhs. der Hofbibl. in Donaueschingen Nr. 104, 14. Jh. nach K. A. Barack, Die Hss. der fürstl. Fürstenbergischen Hofbibl. zu Donaueschingen, Tübingen 1865, S. 100 f. Nr. 104) gehört nach Geuther a. a. O. S. 62 in die erste Hälfte des 15. Jh.s, wofür die Schrift und die Jahreszahl 1433 auf Blatt 84 ra am oberen Rande zeugen sollen. Darnach Niewöhner, Anz. f. d. Altert. 47 (1928), 118; er beruft sich außerdem auf das Wasserzeichen: „zwei eng verwandte Formen des Ochsenkopfes, die Briquet nirgends weiter belegt als aus dem Konstanzer Ratsbuche unter den Jahren 1425, 26 und 28 (Briquet Nr. 14677 u. 78)". S. auch ZsfdA. 68 (1931), S. 143 f. Sonach wäre die Hs. Konstanz 1433 oder kurz vorher anzunehmen. Laßberg meinte, die Hs. stamme aus dem Jahre 1371 (Liedersaal 2, 384). Die Grundlage für diesen Ansatz bot Bl. 248, 1 a (ganz oben). Es handelt sich um ein scherzhaft in die Form einer urkundlichen Verschreibung gekleidetes Liebesgedicht: s. Laßberg 3, 457 ff. (No. CCXXXII S. 459—463). Der Herausgeber denkt an Teichner als Verfasser, weil das Gedicht mitten unter anderen desselben steht. Die betreffende Stelle lautet nach der Hs.:

> *Wan diser brieff ist gegēbn*
> *han ich die jar gemercket ebn*
> *Vnd wart mit warhait bestalt*
> *Do mā von cristus gebürt zalt*
> *Tusent jar vnd trühundert*   Bl. *CCXLVIII*
> *Ains vnd sibentzig ob iemā wundert* etc.

Die Überschrift (mit Bleistift, wohl von Laßbergs Hand) lautet: „Urkunde 1371". Links oben auf Bl. 248 ist mit Bleistift 1371 vermerkt. Auf der Innenseite des vorderen Holzdeckels, die mit einem Pergamentblatte (aus einem lateinischen Codex) überzogen ist, findet sich (vermutlich von Laßbergs Hand) die Bleistiftnotiz: „S. 234ᵇ" — durch 4 ist 6 geschrieben oder umgekehrt — „steht die Jarzal 1433 (durchgestrichen) 1371". Somit ist 1433 durch 1371 ersetzt, das ganze Zitat aber falsch. Wenn die „Liebesurkunde", wie man wohl annehmen darf, aus 1371 stammt, so wird wohl die Eintragung der ganzen Umgebung (MHz. steht nur wenige Blätter vorher, offenkundig von derselben Hand geschrieben) frühestens den letzten Jahrzehnten des 14. Jh.s angehören. Mehr besagt diese Stelle aber nicht.

Über die Reim-Sprachformen des MB. s. ZsfdA. 50, 243f. Hinsichtlich der Doppelrolle, die das Subst. *hûfe, houfe* im Reim des Schwankes zu spielen scheint (s. Anm. 3), wäre auf die seit der ahd. Epoche konkurrierenden Formen (Mhd. Wb. 1, 724ᵇ, 41ff., Lexer 1, 1376 und DWb. IV, 2, 582) zu verweisen. 326 scheint die Part.-Form *gelaffen* gemeint zu sein. In dem Drei-Reim *zaun : straun : tan* (Part. Prät.) 217—219 dürfte *au* (mhd. *û*) mit *â* (vor Nasal) reimen. Manche *e*-Reime verwehren die Annahme eines österreichischen oder bayrischen Verfassers. S. a. a. O. S. 244. Inhaltlich sind keine sicheren Anhaltspunkte zu entdecken, die Ort und Zeit der Entstehung des Gedichtes festlegen ließen. Daß es „ganz im Geiste Neidharts" gehalten sei, hat schon Haltaus S. XXIX betont. S. ZsfdA. 50, 227 f. und 74, 67. — Zu den Sprachformen des Reimes in der erweiterten Fassung von MHz. s. ZsfdA. 50, 244f. Reime ë : ę begegnen in 45f. *gën* (gegeben) : *tręn* und 603f. *nęschen : hëschen*. Vokalisch ungenau sind auch die Reime 91f. *Röchli : Göchli*, 469f. *rambüssen : Rüssen* und 563f. *müsz : Rüsz*. S. die jeweiligen Anmerkungen. Daneben zeigen sich konsonantisch ungenaue Reime wie 333f. *Genshirter : Hindenbitter* und vermutlich 613f. *Rampf : stanch*. Über Reime, die auf Nebensilben beschränkt sind, s. die Anm. zu 1f.

Durch Edward Schroeders glückliche Beobachtung (s. ZsfdA. 74, 65f.) kann MHz. örtlich und zeitlich fixiert werden (s. die Anm. zu 423): es weist ins rechtsrheinische Gebiet östlich vom Schwarzwald und in die erste Hälfte des 14. Jh.s. Die Namen *Bäsinger* 28 und *Wächtinger* 112, die auf Ortsnamen deuten, versuchte schon Uhland (Schr. VIII, 374, Anm. 1) zu näherer Heimatsbestimmung zu verwerten, indem er wenigstens für den ersten drei Deutungen vorbrachte (s. die Anm. zu 28).

Der Schwank von der Bauernhochzeit muß bei Zeitgenossen und Nachfahren eine freundliche Aufnahme gefunden haben. Dafür spricht schon seine Erhaltung in drei Hss. des 15. Jh.s und sein Fortleben bis in die Zeit des Drucks. Weil der MB. nach meinen Untersuchungen ZsfdA. 50, 231—242 die Grundlage für die verbreiternde und vergröbernde Bearbeitung in MHz. bildete, muß er vorher entstanden sein: man darf vielleicht an die Wende des 13. zum 14. Jh. denken. Wenn Meusebach den daraus erflossenen Druck mit Recht in den Anfang des 16. Jh.s verlegt (s. Germ. 13, 505), so erfreute sich der Schwank wohl 200 Jahre lang der Gunst des Publikums. Er war zunächst im südwestdeutschen Gebiete beheimatet, indem seine Mundart in gewissen Merkmalen von Bayern und Österreich abrückt, MHz. noch klarer ins schwäbische Gebiet weist und die Grundlage für Wittenwilers „Ring" bildete, der in der

Nordostschweiz entstand. Die Hss. (das Liederbuch der Hätzler in Augsburg und der Liedersaalcodex in Konstanz) stecken dieselbe Wanderlinie ab.

Zu diesem knappen Überblick über die zeitliche und örtliche Verbreitung des Bauernhochzeitsschwankes, den die Überlieferung vermittelt, scheinen nun Zeugnisse andrer Art für sein Fortleben zu kommen. Schon Uhland bemerkte (Germ. 1, 1856: s. Schr. 8, 373, Anm. 2) den Hinweis in der „Mohrin" Hermanns von Sachsenheim 3371. Es heißt dort 3368ff.

> *Darnauch gieng her der malfasy:*
> *Des tet der Eckhart ouch ain trunck,*
> *Als mannig torpel alt und jung,*
> *Da mayer Berschen hochzit was.*

Die Gestalt des Namens weist unverkennbar auf MHz. (MB. hat *Betz*, der „Ring" *Bertschi*), nur ersetzt Hermann von Sachsenheim im Titel (680) den Namen der Braut durch den des Bräutigams. S. auch ZsfdA. *74, 70*. Somit war MHz. in Schwaben bis in die Mitte des 15. Jh.s bekannt, da die „Mohrin" nach 6054ff. im Jahre 1453 *gemacht wart*. Ungefähr in dieselbe Zeit führt ja auch die Hs. D. Hermann von Sachsenheim, dessen Geburt „frühestens 1365" zu datieren ist (s. Edward Schroeder, Nachrichten von der Gesellschaft der Wissenschaften zu Göttingen, philolog.-histor. Kl., 1931, S. 201) kommt schon zeitlich als Verfasser von MHz. nicht in Frage, natürlich noch weniger als der des MB.: damit erledigen sich Geuthers Erörterungen S. 150f. von vornherein. Er hält auch 3372—3376 für ein Zitat aus dem MB. und schließt aus der Abwesenheit des dort erscheinenden *Schwappelrüß* im MB., „daß noch eine andere Fassung vorhanden gewesen sein muß." Aber die Zeilen 3372ff. sitzen fest im Zusammenhange der „Mohrin": 3331ff. sind drei Zwerge genannt, die wertvolle Gefäße mit köstlichem Inhalt herbeitragen: s. 3366, 68, 72. *Schwappelrüß* ist also wie *Eckhart* eine Gestalt der „Mohrin" und hat im MB. und in MHz. überhaupt nichts zu suchen. Im „Spruchgedicht" CCXLVIII von Laßbergs Liedersaal 3, S. 561, 98ff. ist neben *Bentz* ein *Wåffelrüsz* genannt.

Ernst Martin vermutet in seiner Ausgabe Hermanns von Sachsenheim S. 31, daß sich auch „Spiegel" 190, 29 *Die (fraw Dugent) was nit Metz von Biuren, Sie kund ir deding bas* auf MHz. (38/39) beziehe. S. Zs. *74, 71*. Der Zusatz *von Biuren* (s. BWb.[2] 1,1701) findet freilich in keiner von beiden Fassungen seine Aufklärung. Als Zeugnis für die andauernde Beliebtheit des Stoffes in Schwaben gilt (s. Uhland, Schr. 8, 373f., Anm. 5) ein Lied in schwäbischer Mundart (Flugblatt aus 1642, Auct. Germ. L 552[a], Stadtbibl. zu Frankf. a. M.), das eine Bauernhochzeit in ihrem typischen Verlaufe schildert, dem Brautpaare aber schon die kirchlichen Namen *Hänßle* und *Graetta* gibt. S. G. K. Frommann, Die deutschen Mundarten 4, Nürnberg

1857, S. 86ff. Hans und Grete heißen auch die zwei ausgestopften Puppen eines Knaben und eines Mädchens, die man in Bayern am Pfingstmontag als Liebespaar umherführt und tanzen läßt oder, an ein Windrad befestigt, auf den Maibaum setzt. W. Wackernagel, Die deutschen Appellativnamen, Kl. Schr. 3, 138.

Auf das in Basel aufgeführte Fastnachtspiel von *Bertschis Hochzeit* wird bei Wilhelm Creizenach, Geschichte des neueren Dramas, 3. Band, 2. Teil (2te vermehrte und verbesserte Auflage, bearbeitet von Adalbert Hämel 1923) S. 149 und 235 hingewiesen. In der Vorrede zur „*Abgötterey*" macht Sixt Birck den Zuschauern Vorwürfe, daß sie neben der Predigt auch noch dieser anschaulichen Belehrung bedürften:

> *So man des Bertschis hochzeyt spilt,*
> *Der kosten dich gantz nit befült.*
> *Man sicht dich in der Kirchen nitt,*
> *Verachten das ist nur dein sitt.*
> *Der Pfarrer schreit sich haiser gar,*
> *Der leer nimbstu gar wenig war;*
> *Du sprichst: ich kan es nit verston;*
> *Was soll ich in der Kirchen thon?*

Allerdings geht das Spiel nicht auf Wittenwilers „Ring" zurück, sondern auf den Schwank von Metzens Hochzeit, wobei der Name des Bräutigams wie bei Hermann von Sachsenheim an die Stelle des Namens der Braut trat. Das Drama *Beel* (= Abgötterey) von Birck kam 1535 in Basel zur Aufführung.

Den *meyger Bertschi* nennt endlich auch Joh. Geiler von Kaisersberg in seiner Predigt über die Fastnachtsnarren anfangs des 16. Jh.s. Schon Friedr. Zarncke brachte in seiner Anm. zu Kap. 110ª, 139 von Seb. Brants Narrenschiff (Ausg. S. 462f.) die Fastnachtsrollen des Meiers Bärschi und des Wilden Weibes von Geispitzen (der *brut von Geispitzhein*, wie sie Brant nennt) in Verbindung mit dem Schwank in Laßbergs Liedersaal und ich vermutete (ZsfdA. 74, 70) in den Fastnachtsmasken ein Fortleben der Hauptrollen des beliebten Schwankes, nicht, wie Fritz Martini, Das Bauerntum im deutschen Schrifttum S. 182, Anm. 9 angibt, eine Nachwirkung des „Ringes". Martini setzt a. a. O. für die Priorität der grotesk-obszönen Fastnachtsrollen ein, die im Brautpaare des Bauernhochzeitsschwankes ihren literarischen Niederschlag erhielten. Dafür käme in erster Linie der MB. in Betracht, dessen Namen *Betz* und *Metz* sich in diesem Zusammenhange nicht fügen wollen. Das Fastnachtspiel nährt sich auch sonst mitunter aus literarischen Quellen.

Zum Brauch der Bauern von Geispoltsheim, den Straßburgern jährlich die Fastnachtspuppen des Meiers Bertschi und des Wilden Weibes in die Stadt zu schleppen, was nicht ohne Kampf ablief, wie Geiler in seinen Predigten über Brants Narrenschiff berichtet, bemerkt Rochholz, Alemann. Kinderlied und Kinderspiel aus der Schweiz S. 484, daß solche Fastnachts- und Maigefechte bei allen süddeutschen Bauern herkömmlich waren. S. Schuler, Sitt. u. Tat. der Eidgenossen 3, 367. Dem Kampfe der Straßburger mit den Bauern von Geispoltsheim um die Fastnachtspuppen gleicht der zwischen Zürich und der Nachbarsgemeinde Wiedikon, der sich alljährlich an der Fastnacht um die Frage drehte, welche von den beiden Gemeinden der andern zwei Strohpuppen zuführen dürfe, den Kreidenglade und sein Weib Else, Symbole des ausgetriebenen Winters. S. die Züricher Neujahrsblätter Ab der Chorherrenstube vom J. 1784.

    Wien 1955   Edmund Wiessner

Bei Fragen zur Produktsicherheit wenden Sie sich bitte an:
If you have any questions regarding product safety,
please contact:

Walter de Gruyter GmbH
Genthiner Straße 13
10785 Berlin
productsafety@degruyterbrill.com